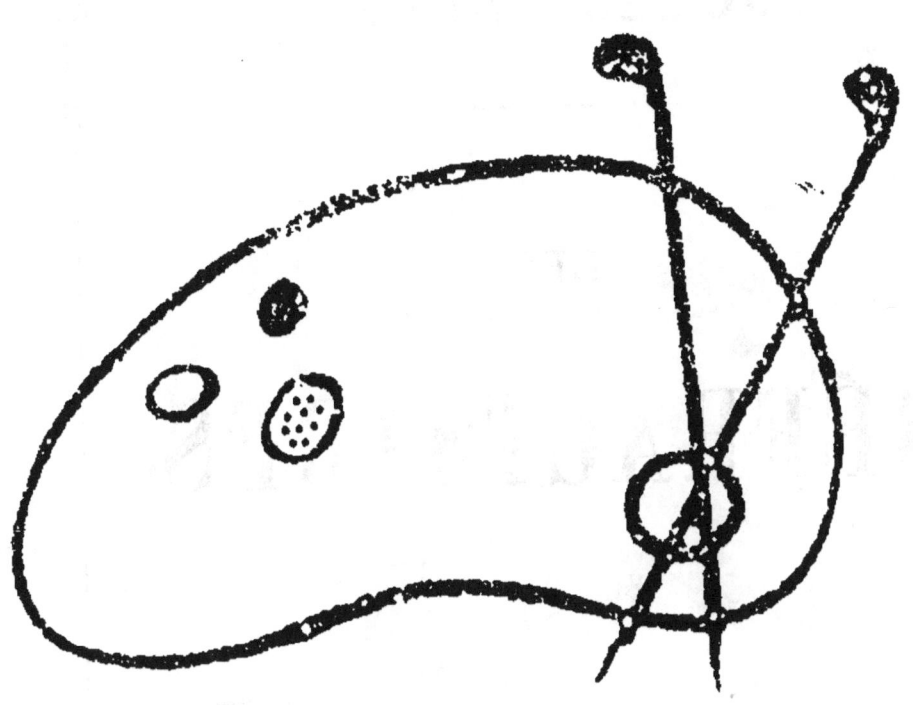

Début d'une série de documents en couleur

JULES VALLÈS

LES
RÉFRACTAIRES

NOUVELLE ÉDITION

PARIS
G. CHARPENTIER, ÉDITEUR
13, RUE DE GRENELLE-SAINT-GERMAIN, 13
1881

BIBLIOTHÈQUE CHARPENTIER
13, RUE DE GRENELLE-SAINT-GERMAIN, 13, PARIS.
à 3 fr. 50 le volume.
(EXTRAIT DU CATALOGUE)

PAUL ARÈNE
LA GUEUSE PARFUMÉE
Récits de Provence.. 1 vol.

LÉON CLADEL
BONSHOMMES
Un volume.

DANIEL DARC
Revanche posthume.. 1 vol.

ERNEST D'HERVILLY
Contes pour les Grandes personnes................... 1 vol.
Mesdames les Parisiennes................................... 1 vol.
Histoires divertissantes...................................... 1 vol.
D'Hervilly. — Caprices....................................... 1 vol.
Histoires de Mariages... 1 vol.

ANDRÉ THEURIET
Mademoiselle Guignon.. 1 vol.
Le Mariage de Gérard. — Une Ondine.............. 1 vol.
La Fortune d'Angèle... 1 vol.
Raymonde. — Le Don Juan de Vireloup............ 1 vol.
Le Filleul d'un Marquis...................................... 1 vol.
Sous Bois... 1 vol.
Le Fils Maugars.. 1 vol.

IVAN TOURGUÉNEFF
Pères et Enfants... 1 vol.

PIERRE NINOUS
L'Empoisonneuse... 1 vol.

Paris. — Imp. E. Capiomont et V. Renault, rue des Poitevins, 6.

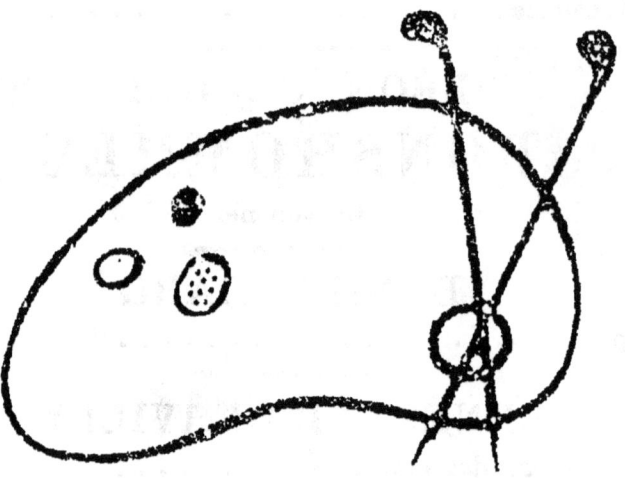

Fin d'une série de documents en couleur

LES RÉFRACTAIRES

IL A ÉTÉ TIRÉ

cinquante exemplaires numérotés sur papier de Hollande.

Prix : 7 fr.

OUVRAGES DU MÊME AUTEUR

PUBLIÉS DANS LA BIBLIOTHÈQUE-CHARPENTIER

à 3 fr. 50 le volume.

JACQUES VINGTRAS

L'Enfant, 3ᵉ édition......................	1 vol.
Le Bachelier...............................	1 vol.
L'Insurgé (*sous presse*)...................	1 vol.

Paris. — Imp. E. Capiomont et V. Renault, rue des Poitevins, 6.

JULES VALLÈS

LES
RÉFRACTAIRES

NOUVELLE ÉDITION

PARIS
G. CHARPENTIER, ÉDITEUR
13, RUE DE GRENELLE-SAINT-GERMAIN, 13

1881
Tous droits réservés

LES RÉFRACTAIRES

LES
RÉFRACTAIRES

Sous le premier empire, chaque fois qu'on prenait à la France un peu de sa chair pour boucher les trous faits par le canon de l'ennemi, il se trouvait, dans le fond des villages, des fils de paysans qui refusaient de marcher à l'appel du grand empereur. Que leur faisait à eux, les ébats de nos aigles, au-dessus du monde, que l'on entrât à Berlin ou à Vienne, au Vatican ou au Kremlin? Vers ces hameaux perchés sur le flanc des montagnes, perdus dans le fond des vallées, le vent ne chassait point des nuages de poudre et de gloire. Ils aimaient, eux, leurs prairies vertes, leurs blés jaunes : ils tenaient comme des arbres à la terre sur laquelle ils avaient poussé, et ils maudissaient la main qui les déracinait. Il ne reconnaissait pas, cet homme des champs, de loi humaine qui pût lui prendre sa liberté, faire de lui un héros quand il voulait rester un paysan. Non pas qu'il frémît à l'idée du danger, au récit des batailles; il avait peur de la caserne, non du combat : peur de la vie, non de la mort. Il préférait, à ce voyage glorieux à travers le monde, les promenades solitaires, la nuit, sous le feu des gendarmes, autour de la cabane où était mort son aïeul aux longs cheveux blancs. Au matin du jour où devaient partir les conscrits, quand le soleil n'était pas encore levé, il faisait son sac, le sac du rebelle; il décrochait le vieux fusil pendu au-dessus de la cheminée, le père lui glissait des balles, la mère apportait un pain de six livres, tous trois s'embrassaient; il allait voir encore une fois les bœufs dans l'étable, puis il partait et se perdait dans la campagne.

C'était un *réfractaire*.

Ce n'est point de ceux-là que je veux parler.

Mes réfractaires, à moi, ils rôdent sur le fumier des villes, ils n'ont pas les vertus naïves, ils n'aiment pas à voir lever l'aurore.

Il existe de par les chemins une race de gens qui, eux aussi, ont juré d'être libres; qui, au lieu d'accepter la place que leur offrait le monde, ont voulu s'en faire une tout seuls, à coups d'audace ou de talent; qui, se croyant la taille à arriver d'un coup, par la seule force de leur désir, au souffle brûlant de leur ambition, n'ont pas daigné se mêler aux autres, prendre un numéro dans la vie; qui n'ont pu, en tous cas, faire le sacrifice assez long, qui ont coupé à travers champs au lieu de rester sur la grand'route; et s'en vont maintenant battant la campagne, le long des ruisseaux de Paris.

Je les appelle des RÉFRACTAIRES.

Des réfractaires, ces gens qui ont fait de tout et ne sont rien, qui ont été à toutes les écoles : de droit, de médecine ou des chartes, et qui n'ont ni grade, ni brevet, ni diplôme.

Réfractaires, ce professeur qui a vendu sa toge, cet officier qui a troqué sa tunique contre la chemise de couleur du volontaire, cet avocat qui se fait comédien, ce prêtre qui se fait journaliste.

Des réfractaires, ces fous tranquilles, travailleurs enthousiastes, savants courageux, qui passent leur vie et mangent leurs petits sous à chercher le mouvement perpétuel, la navigation aérienne, le dahlia bleu, le merle blanc; des réfractaires aussi, ces inquiets qui ont soif seulement du bruit et d'émotions, qui croient avoir, quand même, une mission à remplir, un sacerdoce à exercer, un drapeau à défendre.

Réfractaire, quiconque n'a pas pied dans la vie, n'a pas une profession, un état, un métier, qui ne peut pas se dire quelque chose, ophicléide, ébéniste, notaire, docteur ou cordonnier, qui n'a pour tout bagage que sa manie, sotte ou grande, mesquine ou glorieuse, qu'il fasse de l'art, des lettres, de l'astronomie, du magnétisme, de la chiromancie, qu'il veuille fonder une banque, une école ou une religion !

Des réfractaires, tous ceux qui n'ayant point pu, point voulu ou point su obéir à la loi commune, se sont jetés dans l'aventure ; pauvres fous qui ont mis en partant leurs bottes de sept lieues, et qu'on retrouve à mi-côte en savates.

Réfractaires, enfin, tous ces gens qui vous ont des métiers non classés dans le *Bottin :* inventeur, poète, tribun, philosophe ou héros...

Le monde veut en faire des percepteurs ou des notaires. Ils s'écartent, ils s'éloignent, ils vont vivre une vie à part, étrange et douloureuse...

Le réfractaire des campagnes, du moins, a pour lui l'amitié des gens du village, l'amour des belles filles de l'endroit : on en parle dans les veillées ; il trouve toujours sous le ventre de quelque pierre des provisions de poudre ou de pain. Il n'a à craindre que les gendarmes ; et encore s'ils sont trop près, les pantalons bleus, il abaisse le canon de son fusil ; s'ils avancent, il fait feu !

Le réfractaire de Paris, lui, il marche à travers les huées et les rires, sans ruser et sans feindre, poitrine découverte, l'orgueil en avant comme un flambeau. La misère arrive qui souffle dessus, l'empoigne au cou et le couche dans le ruisseau : de vaillantes natures souvent, des esprits généreux, de nobles cœurs, que j'ai vus se faner et mourir parce qu'ils ont ri, ces aveugles, au nez de la vie réelle, qu'ils ont *blagué,* ses exigences et ses dangers. Elle les fera périr, pour se venger, d'une mort lente, dans une agonie de dix ans, pleine de chagrins sans grandeur, de douleurs comiques, de supplices sans gloire!

Voulez-vous me suivre et faire le chemin? Il y a des auberges drôles sur la route.

I

Je les reconnaîtrais entre mille, ces réfractaires! Ce paletot de coupe ambitieuse, brûlé par le soleil et fripé par la pluie; ce pantalon qui fut gris perle, cet habit à queue de morue dessalée par la misère, qui a déjà servi trois carêmes, sous lequel je l'ai vu trotter l'automne dernier par l'orage, cet hiver sous la neige! Et la chaussure! toujours étrange! des souliers de bal, des bottes de pêcheur, des bottines de femme, ce qu'ils trouvent! — des pantoufles, quand il y en a. Mon Dieu oui! j'en ai vu qui ont ainsi traversé la vie — en voisin — en pantoufles et en cheveux. J'ai connu des chapeaux trop larges, donnés par une grosse tête, qui ont été tenus à la main pendant des semaines, des mois, des années. J'en ai connu qu'on n'ôtait jamais parce qu'ils battaient de l'aile, et qu'il aurait fallu les prendre par le tuyau pour présenter ses civilités. Ceux qui le savaient, d'en rire, et les réfractaires aussi! Pour dissimuler leur misère, ne pas la porter comme un joug, ils la portent comme une fantaisie. Ils prennent des airs d'inspiré ou d'excentrique, de farceur ou de puritain — Diogène ou Brutus, Escousse ou Lantara. Ils cachent sous le voile de l'originalité leurs angoisses et leur honte, dussent-ils donner des coups de canif dans des bottes neuves pour excuser les trous des souliers passés et des bottines à venir. Ils consentent à passer pour fous, à condition de paraître moins pauvres; ils laissent dire qu'ils *déménagent*, pour avoir l'air d'avoir des meubles.

Voilà l'histoire de bien des tournures étranges et de plus d'une tête à la Juif-Errant. Il y a des barbes qu'on laisse traiter de socialistes, parce qu'il en coûte trois sous chaque fois pour se faire raser, et que l'on soupe avec trois sous dans une chambre de réfractaire.

Entre eux, du reste, et le pauvre banal, existe la différence de l'esclavage au vaincu. Ils n'ont point l'air de mendiants, mais d'émigrés. Leur origine se trahit plus fièrement encore dans les rides de leur visage; j'y lis autre chose que les angoisses d'un corps qui souffre, j'y lis les douleurs de l'orgueil blessé.

Ils rient pourtant : il le faut bien! — S'ils ne mettaient jamais de masques, s'ils n'attachaient pas de grelots à leur bonnet vert, leurs visages pâles nous feraient peur, nous ne voudrions pas frotter nos habits à leurs haillons, notre ennui tranquille à leur tristesse pleurarde et bête; leur excentricité fait passer leur misère, jette des fleurs sur leurs guenilles. Ils rient, c'est là leur courage et leur vertu ; c'est souvent pour ne pas pleurer. Ces rires-là, je les connais : ils valent les larmes des crocodiles.

COMMENT ILS DINENT

Comment? je me le demande quelquefois avec effroi. J'ai le vertige à descendre dans ces estomacs vides. J'ai connu des gens qui n'ont jamais reçu un sou du pays, qui n'ont pas gagné mille francs, que dis-je? cent écus dans le cours de leur existence, qui n'ont point, que je sache, tué ni volé, et qui ont vécu ainsi des huit, dix, douze années, avec des bissextiles dans le nombre.

Comment ils font pour ne pas mourir? Ils ne pourraient eux-mêmes vous le dire! Leur union fait un peu leur force. Ils se connaissent tous dans cette Vendée! Poètes crottés, professeurs dégommés, inventeurs toqués, sculpteurs sans ciseau, peintres sans toile, violonistes sans âme, ils se rencontrent fatalement, un jour, une nuit, à certaines heures, dans certains coins, sur la marge de la vie sérieuse ; ils se sentent, se reconnaissent et s'associent : ils organisent la résistance, ils collaborent contre la faim.

L'un fait le plan, l'autre les courses. Ils ont le nez fin, les chouans! Ils flairent une tranche de gigot à une lieue du manche ; ils savent débusquer, ramener, prendre un gîte, attraper au vol un déjeuner à la fourchette ou un dîner au chocolat — comme ça se trouve. Une choucroute un soir, une soupe à l'oignon un matin, un *ordinaire* par-ci, de l'*extraordinaire* par-là...

C'est un diplôme qu'on arrose, des frais d'examen qu'on mange ; il est de toutes les folies et de toutes les fêtes, le réfractaire ! Il paye sa place par des bons mots, raconte des histoires de journalistes, dit des vers au dessert.

Il y a les hasards heureux, le duel où l'on est témoin, le dîner à l'hôpital avec l'interne, avec le sous-officier à la cantine.

C'est quelquefois un homme à l'aise, gêné un moment, qui vient associer sa détresse ignorante et timide à leur misère audacieuse et savante, chez qui l'on trouve toujours quelque chose à vendre : un paletot, des bouteilles vides, une pipe turque...

Tous les ridicules humains lui payent tribut, au réfractaire.

Artistes et bourgeois, poltrons et matamores, sages et fous, quiconque a des vers à lire, une histoire à placer, une femme à maudire, le monsieur qui joue à l'artiste, l'homme qui veut *avoir un organe*, lâches dont on prend les querelles, ivrognes dont on tient la tête, philosophes dont on est le Greppo, tous ceux qui ont besoin d'un coup d'épaules, d'un coup de main, d'un éloge, d'une consolation, d'un service, le trouvent là pour partager la soupe et l'émotion. Calembours dont on rit, vers qu'on admire, manie qu'on flatte, bosse qu'on gratte, soupers d'adieu, dîners de fondation, repas de noces, lapins d'enterrement :

Voilà !

Il découpe son pain dans les travers des uns, dans les vices des autres, il déjeune d'une joie et dîne d'une tristesse. Insensible, du reste, comme la pierre, il ferait du vin avec des larmes. S'il tombe du ciel un peu de cuivre, il va s'asseoir, le réfractaire, dans une de ces gargottes où nagent sur le devant, dans les saladiers à coqs bleus et les assiettes ébréchées, des haricots à l'huile, des épinards à l'eau et des poires au vin. Des hommes de vingt-cinq ans, taillés pour faire des sous-préfets, des députés et des magistrats, je les ai vus entrer dans des crémeries de la rue du Four-Saint-Germain, leurs *œuvres* sous un bras, une livre de pain sous l'autre, comme des maçons : ils vont se faire *tremper la soupe* et attaquer un bœuf -- nature ou aux pommes — qui m'effrayerait moins, vivant et furieux, dans les arènes de Madrid.

Ils pouvaient être si heureux ! Les arbres sont si verts au pays, le vin si frais, les draps si blancs ! Mais non : vienne la faim, vienne le froid, on ne pensera pas aux grands feux qu'on fait là-bas, aux dîners du dimanche, avec la poule bouillie dans la marmite et le gigot cuit au four. On préfère rôder dans la neige, la faim au ventre, mais la flamme au cœur !

On se croit libre !

Ils se disent libres !

OU ILS LOGENT

Dans des rues tristes, des coins sales, des hôtels borgnes, dans l'escalier d'une maison neuve, dans le fauteuil d'un vieil ami.

J'ai eu pour voisin pendant plusieurs mois, dans cette grande Bibliothèque de Sainte-Geneviève, un réfractaire qui, tous les soirs à dix heures, quand on fermait, prenait son chapeau — la rue d'Enfer, et partait pour Versailles. C'était pendant l'hiver terrible de 1853. Un de ses amis, garçon à l'aise, qui avait loué à l'année, de ces côtés, un pavillon et un jardin, lui laissait sa clef en décembre, et il allait là par dix-sept degrés de froid, toutes les nuits. Une fois il trouva un homme, un paysan, étendu au milieu de la route, déjà à moitié couvert par la neige. Il se pencha vers lui, reconnut qu'il vivait encore, souffla dessus, pressa ses mains, mais il sentit le frisson le gagner, son sang se glacer : il eut peur de mourir aussi, il continua sa route au trot et laissa mourir l'autre.

J'en ai vu de plus tristes ! J'ai vu des gens qui nous valaient s'ensanglanter les mains contre les murs d'un cimetière pour aller coucher entre les tombes ! Si on les eût surpris, on aurait cru qu'ils venaient couper les doigts à bagues ou violer les mortes.

Car il faut un asile !

Chacun, gâcheur de plâtre ou gâcheur de vers,

homme ordinaire ou phénomène, doit avoir quelque part, à deux pouces ou deux cents pieds au-dessus du sol, au rez-de-chaussée ou au neuvième étage, au moins un coin, une niche, un trou où se loger, un grabat, une malle, un tonneau, un cercueil.

Oh! les angoisses des nuits blanches, qu'ils appellent, eux :

LES NUITS NOIRES

Le lit a fui; on n'a voulu le coucher nulle part, le réfractaire : l'un a dit qu'*il avait sa femme;* chez l'autre, on ne l'a pas laissé monter.

Il s'en va rôdant à la porte des cafés, brasseries ou bouges que la police garde ouverts pour y ramener son gibier; espérant toujours trouver un abri. Mais rien ne vient : les étudiants ont pris leur dernière chope, le verre de *vieille;* ils sortent, se cognent un peu et rentrent. Le silence se fait, et l'on n'entend que le pas dur des sergents de ville, qui battent le pavé en causant bas. Encore cinq heures à passer; les heures, ces éternelles ennemies qu'il faut voir mourir, qu'il faut tuer dans l'ombre, sans que la police entende!

Quand apparaissent les agents en burnous noir, le réfractaire doit trouver la force de hâter le pas, prendre une allure honnête, l'air pressé; si c'est la seconde fois qu'ils le rencontrent, chantonner un air égrillard, faire mine de zigzaguer comme un homme ivre qui ne trouve plus son chemin.

Il s'éloigne, va devant lui, s'asseyant, quand il ne voit plus de tricorne, sur les marches des escaliers qui mènent sous les ponts, en face de l'eau qui coule et invite au suicide!

Quelquefois il fait mauvais. La pluie tombe, traverse les habits, glace les reins : — il faut marcher quand même, la chemise collée toute froide à l'échine, la tête et les pieds dans l'eau! C'est par ces nuits sombres qu'ils vont à la campagne, les réfractaires, qu'ils vont visiter les bois de Boulogne et voir le lever du soleil à Montmartre. C'est un but, cela prend du temps, fait marcher plus vite. On a la chance de trouver contre les murs des fortifications une crevasse, un trou, où blottir son corps gelé, éponger ses guenilles, mettre ses pieds dans ces mains pour les réchauffer; la banlieue est bonne par ses temps-là! il n'y a dehors dans la campagne que les malfaiteurs et les réfractaires.

Ils reviennent au petit jour, les cheveux ruisselants sur les tempes, le chapeau déformé, les basques honteuses, sales, trempés de boue, pour aller dormir, si cela se peut, sur une chaise, chez quelque ami qui veut bien les recevoir dans cet uniforme de noyé! C'est horrible, n'est-ce pas? ce noyé a fait ses classes, *il a eu tous les prix au collège*, on a dépensé vingt mille francs pour l'instruire, il a été reçu *bachau* avec des blanches à Clermont, où l'on disait dans la salle qu'il serait ministre.

* * *

Les réfractaires à chevrons, ceux qui ont déjà *roulé*, ont leurs entrées dans quelque *cercle*, maison de jeu autorisée, où l'on bat les cartes toute la nuit. Ils montent, se confondent avec les parieurs, parlent *veine, erreur, coup dur;* le chef de *cagnotte* les croit à la partie, et ils restent là debout contre les chaises, avec des crampes dans les jambes, le désert dans la gorge, le ventre plat et le cœur gros ! Il y a des gens qui n'ont eu durant des mois entiers d'autre logement que le canapé fané du cercle, où ils se jetaient négligemment comme pour reprendre haleine après une *déveine,* et ils dormaient ainsi, entre deux décavés, d'un sommeil malsain, jusqu'à ce que, faute de joueurs ou d'enjeux, la partie s'arrêtât. Alors, par quelque temps qu'il fît, par la pluie ou la neige, dans la boue ou la glace, il fallait partir, les pieds gonflés, les genoux brisés, frissonnant au froid du matin, grelottant la fièvre dans cette redingote blanchâtre, tunique de Nessus râpée qui ne se détache que par lambeaux, quand la peau a mangé le drap : les habits s'usent vite dans cette éternelle familiarité, et les pantalons écarquillent, derrière, des yeux étonnés.

Vers six heures, les églises s'ouvrent : le réfractaire entre, prend de l'eau bénite et va s'asseoir au fond de quelque chapelle, où il dort jusqu'à ce que les loueuses de chaises le dérangent. Il se lève alors, et se traîne en s'appuyant contre les parapets, en s'affaissant sur tous les bancs. Les boutiquiers, en voyant passer quelques-uns de ces pauvres diables, les yeux rouges et les mains sales, chemise fripée et souliers crottés, disent que ce sont des journalistes qui viennent de souper chez des actrices.

II

Qu'il travaille, direz-vous, pour avoir un lit, des chemises, du pain?

Est-ce quand il rentre le matin de sa course nocturne, quand il a frissonné six heures de froid, de fatigue et de peur, quand il vous arrive, l'œil creux, les genoux tremblants, ne demandant qu'un bout de tapis où étendre son corps brisé, est-ce alors que vous lui clouerez la plume aux mains en le souffletant de votre mépris, si sa paupière alourdie s'abaisse? Est-ce quand la faim le talonne, le fouette au ventre, le chasse hâve et hagard à travers la rue à la poursuite d'un morceau de pain? Vous ne voyez donc pas qu'il chancelle? Voilà deux jours que l'estomac chôme! Si ce soir il n'a pas mangé, demain il est mort.

Travaille : est bien facile à dire !

Mais où? chez qui? rue Saint-Sauveur ou rue Plumet? S'il savait faire quelque chose, un étalage, une addition, la place, la vente, mesurer du drap, pincer le tissu, tenir les livres, le carnet, la caisse! Il ne sait rien, le pauvre diable, qu'un peu de latin et de grec, qu'il vendra au mois, à l'heure, sous forme de leçons. Où les trouver? J'admets qu'il ait mis la main sur un élève; — marché conclu, chose dite; rendez-vous pris : — tout cela lettre morte, chance vaine, s'il a les pieds dans la misère! Inutile tout son courage, stériles ses espérances; les souliers crèvent, le pantalon sourit, le linge manque. Il faut boucher ces trous, combler les lacunes, sauver la mise! Les amis sont là, il court chez l'un, chez l'autre, ici, là-bas. Mais c'est à midi qu'on l'attend. Il n'a encore qu'une redingote trop étroite et un gilet trop court. Que faire? S'y rendre ainsi vêtu pour amuser les domestiques et épouvanter les parents? Il n'ira pas, moins par orgueil que par raison; il sait bien qu'on le congédiera s'il fait rire ou s'il fait pitié.

Et puis, c'est le temps qui manque! C'est si long à trouver, du pain! A l'heure où luit une espérance, où une porte s'ouvre, où surgit une chance, c'est à cette heure-là que la faim arrive, à cette heure-là que déjeune l'ami chez qui l'on trouve une côtelette tous les lundis. Il balance, il hésite, il fait un pas vers la leçon, un pas vers la table d'hôte; l'estomac l'emporte, il se décide pour l'ami. Pendant le cours de ces hésitations, l'ami déjeune, sort de table, « il doit être au coin de la rue. » L'affamé de courir; il regarde, il appelle. Personne! Voilà une côtelette manquée, une leçon perdue.

2.

*
* *

Reste le métier triste de maître d'études : — trente francs par mois, un peu moins d'un sou l'heure ! Encore faut-il qu'il ait le courage d'accepter cette vie avant que la misère l'ait *marqué*. Le placeur, Justin, Constant ou Voituret, ne lui donnera pas de lettre de crédit s'il ne lui voit pas de chemise. Le ferait-il ? Peine perdue ! L'éleveur, après avoir toisé cet homme timide et laid sous ses guenilles, le reconduira jusqu'à la porte en disant « qu'il a son affaire. » S'il le garde, par besoin ou pitié, ce malheureux sera le jouet, la victime, le chien des enfants. Ils lui demanderont l'adresse de son chemisier, où est sa malle ; un beau jour ils lui cacheront sa culotte pour qu'il ne puisse pas se lever, et attendront qu'il pleure pour la lui rendre !

Mieux vaut gâcher du plâtre, décharger les camions, faire des déménagements dans la banlieue ! Ah ! sans doute ! s'il y avait de l'ouvrage pour eux, s'ils pouvaient quelquefois gagner leur dîner à la force des reins, ces bacheliers sans emploi, combien en verrait-on, le soir, la sangle au cou, les crochets à l'épaule, tirer sur des charrettes en soufflant, ou chanceler sous des fardeaux ! Mais que l'un d'eux aille s'offrir à servir les maçons ou à porter des malles, on regardera ses mains blanches, son habit fripé ; les goujats lui jetteront du plâtre, les commissionnaires lui donneront « une roulée, » si le sergent de ville ne l'empoigne d'abord, en lui demandant ses papiers. Où est son livret, où sa médaille ? Qu'il la demande, diras-tu ? Et tu le voudrais, misérable, tu voudrais qu'il en fût là, ton ancien ami de collège ? Tue-le, mais ne le regarde pas mourir.

OU ILS TRAVAILLENT

Ils écrivent dans les encyclopédies, dictionnaires, biographies, à deux liards les cent lettres; dans les journaux de demoiselles, à trois francs la colonne.

Ils font, pour les compositeurs de la rue, des paroles de romances, gaies, tristes, sentimentales ou polissonnes.

Pour 15 francs, ils livrent une pièce au Café des Aveugles; pour 20, ils envoient une chronique hebdomadaire à la feuille la plus lue de Monaco.

J'en connais qui font des brochures pour des Valaques, ou des sermons pour les curés de la banlieue.

Un autre a la réputation pour les exposés de système, les prospectus de charlatans, les visions d'illuminés.

Toasts, pour banquets, mots drôles, oraisons funèbres, sonnets pour femme, oncles et grands-parents, ils brochent tout cela si l'occasion se présente. Compliments, épigrammes, chansons pour Paris et les départements ;—deux louis pour quatre couplets contre la femme du notaire ou sur la bonne du juge de paix.

Et le courant !... les volumes qu'on lave, ceux qu'on blanchit, thèses, souvenirs, voyages, impressions d'idiots...

Une préface aux poésies d'un petit jeune homme, c'est vingt francs ; au bouquin d'un maniaque, c'est quarante.

Il y en a qui font les livres des autres, tout entiers, pour un morceau de pain, six mois de nourriture, deux termes payés !

Ceux qui ont une belle main vont copier chez Panisse ou chez Capitaine ; en travaillant onze heures, on se fait cent sous.

Enfin deux industries fameuses, celles des *passeurs* et des *bondieusards*.

Les *passeurs*, des fils de boulangers qui veulent bien, à six cents francs, passer le baccalauréat pour des vicomtes, se substituer à eux pour leur avoir ce parchemin qu'ils ne peuvent gagner eux-mêmes ; métier dangereux depuis que la cour d'assises s'en mêle !

Les *bondieusards*, profession qui n'est pas dans le dictionnaire, ni dans le paroissien. La BONDIEUSERIE, cependant, fait vivre plus d'un chrétien. N'importe qui pouvait faire cela, pourvu qu'il ne fût pas peintre.

Il s'agissait de colorier les images qu'on vend dans les campagnes : agneau pascal, cœur de Jésus, brebis du Seigneur... Un bondieusard habile pouvait faire ses six douzaines dans un jour. Un bondieusard passable, ni trop coloriste, ni trop voltairien, pouvait gagner son salut dans l'autre monde et ses quarante sous dans celui-ci. Il y avait des commerçants qui ne connaissaient ni les couleurs, ni l'Évangile ; ils faisaient des saint Joseph jaunes et des enfers roses.

A côté des bondieuseries, le BONDIEUTISME, la religion des gens qui se convertissent en hiver et redeviennent impies en été ! J'en ai connu plusieurs qui, à l'époque des grands froids, se réfugiaient dans les bras de la religion, — près du réfectoire, autour du poêle. Ils engraissaient là dans l'extase ! Quand ils avaient deux mentons, et qu'ils voyaient, à travers les barreaux de la cellule, revenir les hirondelles, ils sortaient et allaient prendre l'absinthe au *caboulot!*

III

Chose singulière ! et bien faite pour étonner les gens non initiés aux secrets douloureux de cette vie étrange ! Ces pauvres diables qui n'ont pas de quoi acheter du pain, qui ne trouvent pas dans leur oisiveté éternelle une heure pour travailler, écrire, sculpter ou peindre, on les voit promener leur misère à travers tous les débits de prunes et achever d'user leurs manches sur les tables de marbre des cafés! Nous insultons à leur paresse, nous croyons à leurs vices. — Attendons pour les condamner; plaignons-les avant de les flétrir! Ils se font là une santé de quelques heures, une jeunesse d'un moment, ils guettent au passage le souper pour le soir ou le matelas pour la nuit prochaine! ils jouent avec la tradition. Ils prennent leur demi-tasse avant dîner, puis ils ne dînent pas; le public s'y trompe, leur estomac aussi. Ils trouvent des *glorias;* ils ne sauraient trouver du pain. On peut avouer que l'on manque du superflu, non du nécessaire. — On peut dire qu'on a soif, mais non pas qu'on a faim.

Au café la joie, l'oubli, les rires et les chansons; là-bas, au contraire, dans la rue triste, à quelque sixième, un taudis, la Sibérie en décembre, les plombs de Venise en été! On a peine à quitter cette atmosphère tiède et joyeuse, pour remonter jusqu'à son trou, et, arrivé là, se mettre devant sa table *avec tout ce qu'il faut pour écrire.* L'a-t-on toujours seulement! Un soir, c'est le papier qui manque, une autre fois l'encrier qui est vide; combien de demi-volontés, d'intentions presque courageuses, arrêtées ainsi par le sot détail, piquées aux flancs par ces misères, qui chancellent, qui tombent, faute d'un peu de bois dans l'âtre ou d'une bougie dans le chandelier!

Il faut un fameux courage, allez! pour s'enterrer

vivant dans un cabinet de dix francs, sans air, sans feu — sans tabac — en face de soi, pour lutter là seul avec sa pensée, pour faire jaillir de son cœur ulcéré des phrases joyeuses ou des pages sereines, Lutte douloureuse où le doute vient encore donner son coup de poignard !

Ces articles, ces pièces, ce roman, ces vers, quand seront-ils acceptés, imprimés, payés ? Quand ? Dans six semaines, six mois, un an peut-être ! Que de saucisses à chercher ! Seront-ils reçus seulement ? Pour qu'ils le soient, n'étouffera-t-il pas, cet affamé, ses cris les plus éloquents, ses inspirations les plus courageuses ? Ne craindra-t-il pas, s'il ne casse les ailes à ses idées, d'épouvanter les éditeurs prudents, les journaux timides ? Je le vois d'ici lâche devant son âme, jetant des cendres sur sa phrase et des fleurs sur ses haines !

Personne à ses côtés qui le console, l'encourage, l'embrasse ! Rien. Rien que le spectre des hontes bues, des maux soufferts, les yeux qui pleurent, l'estomac qui se plaint ! Ah ! qu'elles sont tristes, ces soirées, entre les murs enfumés des garnis, où, au bruit monotone du vent qui passe ou de la pluie qui tombe, ils égrènent le chapelet des souvenirs cruels que la misère leur cloue au flanc, ces réfractaires ! Solitude qui ne se peuple que de regrets, silence où l'on n'entend que la voix rauque du remords !

Il leur faut les milieux agités et bruyants où leur douleur se perd dans la gaieté des autres...

De cette vie factice, aux joies fausses, se dégage,

hélas! une vapeur malsaine, non point vraiment une odeur de débauche, mais comme un parfum fatal de liberté. Les têtes ne se troublent pas, mais les esprits se grisent. Après avoir pataugé toute la journée dans la boue — jusqu'au cœur — ils viennent là s'enfoncer dans la discussion jusqu'au cou, faire brûler leur petit verre et flamber leurs paradoxes; montrer qu'eux, les mal chaussés, les mal vêtus, ils en valent bien d'autres, « ils ont quelque chose là. » Les vaincus du matin deviennent les vainqueurs du soir. La vanité y trouve son compte; ils s'accoutument à ces petits triomphes, à ces orgueilleux bavardages, à ces dissertations sans fin, aux témérités héroïques. De cette table d'estaminet, ils font une tribune où la chope de Strasbourg joue le rôle du verre d'eau sucrée parlementaire. Ils parlent là, sous le gaz, les livres qu'ils devraient écrire à la chandelle; les soirées s'achèvent, les jours se passent : ils ont causé trente chapitres et n'ont pas fait quinze pages!

On les appelle des roués, ce sont des dupes; des débauchés, ce sont des fous.

*
* *

Qu'il leur arrive un jour de boire un peu de vin et de découper « une dinde, » on crie au scandale, à l'orgie; « *A la Tour de Nesle!* »

Parce qu'ils auront bien dîné un soir, on oubliera qu'ils ont mangé à peine depuis des mois; on leur jettera au nez, s'ils viennent dire qu'ils ont faim, ce Balthazar à cent sous par tête, cette soirée à vingt sous l'heure.

Et quand même?

Quand même une fois, d'aventure, ils enverraient la tristesse au diable, demanderaient des radis, feraient sauter un lapin, prendraient du dessert, du café, la *consolation*, la *rincette;* quand ils achèteraient un londrès ou « se paieraient » un fiacre, eux qui avalent à pleins poumons l'air lourd et malsain des rues sombres, l'air étouffant des chambres tristes! Quand ils consacreraient, les prodigues, 20 sous à un bouquet, 5 fr. à un orchestre pour voir un peu comment sont faits les théâtres sur lesquels ils mettront un jour leurs souvenirs en scène et vos préjugés en péril, faut-il les insulter et calomnier leur joie d'une heure! Dans le dernier hameau de mon pays, on boit bien du vin quelquefois, on tue un cochon tous les ans, il y a six pouces de boudin pour les pauvres. Le cordonnier fait le lundi, le galérien a des dimanches, le soldat son 15 août. Ils n'auront donc, eux, ni repos, ni oubli, ni lundi, ni boudin! Comment! pendant les semaines, ils ont mangé du fromage d'Italie sur du pain de seigle, bu de la boue; — ils ont le dégoût de leur pâtée, la nostalgie des viandes rôties...

Ah! comme une goutte de vin pur lui ferait du bien!

Va, bois-en plein ton cœur, plein ton verre, pauvre diable, tu l'as bien gagné !

* *

Interdites au réfractaire, les distractions pures, les joies fraîches !

Ces parties d'été dont parlent les livres, ces courses folles dans la campagne, les dimanches du bois de Crillon, les vendredis saints de Musette, j'en sais qui ne les ont point connus ! Si l'on avait vingt sous, c'était pour acheter du pain ou retirer une chemise. Le beau voyage sous un ciel de plomb, par des chemins pierreux, dans des souliers troués ! Ne pas pouvoir s'asseoir sous les tonnelles, boire un verre de vin jeune et manger des fraises ! S'en aller, à travers champs, la langue sèche, les pieds en sang, le ventre vide ! Inquiéter les populations, faire aboyer les chiens et réfléchir les gendarmes !

Un jour qu'on me savait cinq francs, quelques réfractaires me firent payer la campagne. Avec leurs cheveux longs, leurs mines hâves, leur gaieté lugubre, ils firent peur aux paysans. On se signait sur notre passage, on en parle encore dans Chatenay. On dit que des hommes venus on ne sait d'où passèrent en 18.... dans le village, et qu'ils empoisonnèrent les fontaines...

Jamais un éclair de gaieté, un rayon de jeunesse ! pas même une fleur dans un verre, un œillet rouge, un lilas blanc, un pauvre petit bouquet de violettes d'un sou !

On maudit le soleil quand il arrive; le soleil qui fait pousser les feuilles et les roses, mais qui fait aussi reluire les taches et roussir les chapeaux, qui éclaire à grands rayons la détresse de ces vaincus! Mieux valent encore les jours tristes : les jours de glace, où le froid fait les rues vides; les jours de pluie, où toutes les hardes sont égales devant la boue; temps sombres qui permettent les chemises douteuses et les chaussures fatiguées! Dans la neige, au moins, on ne voit pas qu'il n'y a plus de semelles.

IV

Comment ils finissent ?

C'est l'hôpital qui en prend encore le plus grand nombre : la misère les tue l'un après l'autre. On dit qu'on ne meurt pas de faim. On se trompe. Seulement on y met le temps : dix, douze ou quinze ans, suivant la chance. Un beau jour, ils se sentent la gorge sèche, la peau brûlante; ils crachent, ils toussent — cela ennuie les voisins — ils vont à la Charité, en sortent, y retournent et meurent. Dans la poche de leur paletot ils laissent une pipe à moitié bourrée, un drame à moitié fini ; quelque manuscrit au fond d'une malle, dans un hôtel garni, d'où ils sont partis sans payer ; un bonhomme en plâtre dans l'atelier d'un camarade qui les laissait le jour près de son poêle et la nuit sur son canapé. Voilà tout.

Un soir, dans une brasserie, un ami dira à travers la table : « Vous savez un tel ? il est mort. — Tiens... pauvre diable, il était drôle. — Baptiste une canette! »

Quelques-uns sont allés, un jour qu'ils étaient plus tristes, se tuer dans un coin, d'un coup de couteau dans le cœur ou d'une balle dans la tête.

D'autres sont revenus clopin-clopant au village, où la mort les a faits héritiers d'un coin de champ, d'une masure avec un jardin ; ils vont causer avec les anciens sur le banc de pierre, à la porte du *Lion d'or*, et regardent passer les diligences

Les lettrés, ceux qui arrivaient à Paris pour être ministres de l'instruction publique, ceux-là partent comme professeurs de sixième, dans un collège communal de l'Auvergne ou des Landes ; ils mettent une calotte noire, portent des socques et écrivent dans le journal de la localité. — Ils finissent toujours par battre le principal.

Les inquiets, les ardents, les hommes d'action ceux-là s'éloignent quand les cheveux blancs arrivent, sans qu'ils soient encore chefs d'une armée de volontaires, capitaines de bandits aux Batignolles, faute de mieux ! Tristes d'avoir épuisé leur jeunesse dans une lutte sans témoins, contre des dangers sans grandeur, sous un ciel gris, ils s'en vont au pays du soleil et des aventures, dans les nouvelles Californies qu'on découvre, sur les côtes brûlées du Mexique, dans les pampas de la Plata, avec Santanna ou Geffrard, Raousset-Boulbon ou Walker, n'importe, pourvu qu'il y ait à jouer avec la mort ! De rudes gas, ces coureurs de batailles ! Donnez-moi trois cents de ces hommes, quelque chose comme un drapeau, jetez-moi sur une terre où il faille faire honneur à la France, dans les rues de Venise, si vous voulez ! jetez-moi là sous la mitraille, en face des régiments, et vous verrez ce que j'en fais et des canons et des artilleurs, à la tête de mes réfractaires !

Quelques-uns regardent au ciel du fond de l'abîme, appellent Dieu à leur secours, et vont un soir frapper à la porte d'un de ces couvents où rôdent dans des linceuls blancs ces morts dont le cœur bat encore.

J'en ai vu entre deux mendiants au dépôt de Saint-Denis, entre deux gardiens dans la cour des fous, à Bicêtre !

V

— Voilà pourtant où ils en arrivent, pour avoir voulu jouer avec les préjugés du monde. A une mort bête, affreuse, par des sentiers boueux, seul, isolés, maudits, sous l'uniforme des pauvres.

Une fois endossé, l'uniforme, c'est comme la chemise de soufre au dos des condamnés, qui les brûlait vivants. Chaque effort fait pour déchirer ce manteau arrachera un cri de douleur, une larme, un sanglot! Les souffrances des suppliciés duraient un moment — le temps qu'il faut pour rôtir un homme; les leurs, celles de ceux dont je fais l'histoire, durent des années — le temps de consumer une âme. Ceux que l'on traîne dans des charrettes, les lâches qui ne savent pas mourir, qui sont déjà des cadavres quand arrive le châtiment, ceux-là ne hurlent pas sous la main du bourreau. Il en est aussi, dans ce milieu, qui n'ont pas conscience de leur supplice. Ceux qui ne se sentent pas vivre ne peuvent pas se sentir mourir. Mais ceux qui ont toujours l'orgueil ouvert comme un œil fauve, les gens qui deviennent pâles quand on les plaint, croyez-vous qu'ils souffrent, ceux-là!

La guerre rogne un peu ses héros; on nous coupe, au lendemain d'une victoire, une jambe, un bras, on nous met des yeux de verre et des mentons d'argent. Une fois le coup de scie donné, tout est dit. Mais le cœur mutilé, lui, poignardé dans cette lutte sourde, atteint par les coups de feu de la vie, on ne l'arrache pas de la poitrine pour en clouer un autre. — On ne fait pas des cœurs en bois. — Il reste là attaché, saignant, avec le poignard au milieu. Riches un jour, célèbres peut-être, ils pourront, ces blessés des combats obscurs, parfumer la plaie, éponger le sang, étancher les larmes; le souvenir viendra toujours ouvrir les cicatrices, arracher les bandages ! Il suffira d'un mot, d'un chant — joyeux ou triste — pour réveiller dans ces âmes malades le fantôme pâle du passé !

Les maladroits !

Que leur demandait-on ? — D'être quelque chose dans la machine, clou, cheville ou marteau, cinquième roue à un carrosse, n'importe ! La société n'y regarde pas de si près, pourvu qu'on ne donne point le mauvais exemple, qu'on ne soit point pour elle un danger.

« AVEC OU CONTRE MOI ! » telle est son inexorable devise. — Ayez un état, un métier, une enseigne. Qui vous empêche ensuite d'avoir du génie ?

Elle a raison, toujours raison. — Malheur à qui repousse ses avances et veut marcher hors du chemin que la tradition a creusé !

Ou la grand'route ou le ruisseau !

Pour y rouler, dans ce ruisseau, où j'ai vu barboter tant d'âmes, qui furent, m'a-t-on dit, fraîches et fières, il suffit qu'un matin le pain manque et qu'on attende jusqu'au soir pour essayer d'en gagner. S'il hésite une heure, s'il est lâche un moment le réfractaire, tout est dit — eût-il du talent comme quatre, les vertus d'un héros, la santé d'un athlète.

En vain il se repentirait et crierait grâce ! Il est trop tard, la misère le tient, elle l'avalera tout entier. Il a beau se débattre dans ses angoisses, il est pris dans les herbes, il enfonce dans la vase ; garçon flambé,

Un homme à la mer !

LES
IRRÉGULIERS DE PARIS

LES
IRRÉGULIERS DE PARIS

Le lecteur va se trouver en face d'aventures invraisemblables. On croira que j'ai à plaisir inventé ; j'ai, au contraire, éteint, amoindri, oublié.

Mes personnages sont vivants : on les coudoie dans les rues de Paris, on les rencontre dans la banlieue. Je les ai suivis dans la poussière, la boue et la neige.

J'ai écrit la vie de Fontan pour ainsi dire sous sa dictée. Sur le Calvaire où flânent ces rôdeurs mystérieux, cocasses, il est Jésus, sans que les autres pourtant soient les mauvais larrons. Poupelin, qui prête à rire, est le plus estimable des hommes. Le père Chaque ressemblerait plutôt à Barrabas ; mais à lui aussi je confierais ma bourse. Ce sont tous d'honnêtes gens.

J'avais d'autres portraits à mettre dans ce musée ; la place me manque.

J'espère que j'aurai atteint le but que je m'étais

proposé : faire réfléchir les téméraires, effrayer les heureux. Et comme nous sommes en France, pays d'ironie joyeuse, j'ai mis la farce près du drame et le bouffon près des martyrs.

FONTAN-CRUSOE

Aventures d'un déclassé racontées par lui-même.

J'arrivais à Paris au mois de novembre 1851. Je ne l'ai pas quitté depuis, excepté pour aller quelquefois coucher le soir en province.

J'avais dans ma bourse cent et quelques francs. Ils me venaient de la vente d'un petit mobilier et des économies que j'avais faites sur mes appointements de petit clerc, à l'étude de M. D..., avoué à Auch, chez qui je gagnais douze francs par mois.

Ma chambre me coûtait six francs ; le blanchissage de mon linge ne me coûtait rien : une ancienne amie et associée de ma mère me le lavait par reconnaissance. Je dînais quelquefois chez des parents, avec des amis de collège, ce qui me permettait de mettre petit à petit de côté pour me rendre un jour dans la capitale.

On fit tout pour me détourner de ce voyage ; on craignait pour moi les orages révolutionnaires de 1852, et surtout on me menaçait de la misère, de la faim, du froid. Je devais, en effet, les connaître. Ma résolution était inébranlable. Je fis ma malle. Elle était presque pleine, grâce à la succession d'un oncle qui m'avait laissé sa défroque : avec ses gilets, en ajoutant des manches, on m'avait fait des peletots qui étaient encore très larges. Car, je dois le dire dès le début, et c'est l'aveu qui me coûte le plus, je ne suis haut que de quatre pieds ; ma petite taille a fait le désespoir de mon enfance et est encore la tristesse de mon âge mûr. On voit pourtant qu'elle me servait à quelque chose, et plus tard encore, elle m'a servi. Quand je couchais sous les arbres et qu'il pleuvait, je n'avais qu'à me plier un peu pour n'être pas mouillé, et je bénissais Dieu, malgré tout, qui m'avait fait petit pour que je pusse, aux heures mauvaises, échapper à l'intempérie de ses saisons et à la colère de ses orages. Je pouvais aussi tenir dans les malles de mes amis.

Quelle voix mystérieuse m'appelait à Paris ? La voix de la gloire, une soif de renom qui ne m'a pas passé, et si je n'atteins pas la gloire ici-bas, ce sera pour l'avoir plus éclatante dans une autre planète. On ne changera pas mes idées là-dessus.

La diligence Laffitte et Caillard me conduisit dans la rue Saint-Honoré. Je pris une chambre à l'hôtel même des Messageries. C'était la nuit : j'étais fatigué, et je m'endormis d'un lourd sommeil. Le lendemain, à mon réveil, dans cette chambre grande et froide, la peur me saisit. Le souvenir des misères qu'on m'avait promises me revint à l'esprit, assez effrayant cette fois pour m'engager à reculer si je n'avais été si loin. Mais le calice était plein, il fallait le boire jusqu'à la lie. Je me levai, et, sous le coup d'une terreur panique dont je n'étais plus le maître, je me jetai à deux genoux au pied de mon lit, implorant la miséricorde céleste, demandant à Dieu soutien dans ma défaillance.

Dans la journée, je me fis conduire par le garçon d'hôtel au centre du quartier latin, où j'arrêtai une chambre rue de la Harpe, et j'allai prendre à l'École de droit mon inscription de première année.

Il y a quinze ans bientôt de cela, et je n'ai pas encore pris la seconde. Je n'ai pas non plus reçu une seule fois d'argent, et je n'ai presque rien gagné.

J'avais sollicité pour être écrivain public. Dans une petite échoppe, j'aurais écrit des lettres pour les artisans et les villageois, et, en gagnant mon pain, préparé mon œuvre.

Arriva le coup d'État. Je ne reçus pas de réponse à ma demande; mes quelques sous s'en allèrent un à un, et je me trouvai, un vilain jour, sans rien, plus rien.

J'allai vendre un atlas qui m'avait coûté sept francs. On m'en donna vingt sous.

Je songeai alors à demander à la littérature des ressources immédiates et sérieuses, et j'écrivis le *Spectre noir*, élégie.

Je vendis mon fond de malle, et, avec le produit, je fis imprimer le *Spectre noir*.

Puis, de même que les rapsodes antiques allaient parcourant les campagnes et payaient leur place au banquet par des chansons, je me rendis au vieux Louvre pour échanger contre du pain ma poésie.

Mais, arrivé là, je n'eus pas le courage d'étaler; les autres marchands s'amusaient de moi et me bousculaient.

Je rencontrai enfin un marchand d'almanachs qui, lui aussi, avait été poète; mais, disait-il, le temps où Louis XIV protégeait les lettres n'existait plus, et il vendait, en attendant qu'il revînt, des almanachs et des noisettes à surprises. Il était bon homme, d'ailleurs, et il me paya comptant les six ou sept exemplaires du *Spectre noir*, qu'il devait placer en disant que c'était d'un condamné à mort.

Je le quittai, portant encore cent quatre-vingt-douze exemplaires, dont j'allai afficher une douzaine près de l'Ambigu-Comique. Je tendis des cordes, mis des épingles, et le *Spectre noir* se balança au souffle de la bise. Des acteurs, qui sortaient du théâtre, s'arrêtèrent devant l'étalage et se mirent à parodier cette élégie. Huit jours auparavant, cette profanation m'eût fait pleurer. Elle me laissa, ce jour-là, insensible : *j'avais très faim*. Les acteurs m'en achetèrent deux ou trois, les flâneurs quatre ou cinq; j'en écoulai une douzaine. La confiance me revenait, et je me disais : « Le temps des Gilbert n'est plus ! » Le lendemain, je reparus et tendis de nouveau mes cordes.

Un homme passa qui me demanda si j'avais la *permission*, et, sur ma réponse négative, me fit plier bagage. A qui donc faisais-je du mal? et pourquoi m'empêcher de gagner ma vie?

Je vendis tout, livres et hardes, un flageolet, une casquette, ne sachant plus à quelle porte aller frapper; on m'avait trouvé trop petit dans tous les bureaux de placement pour être professeur ou maître d'études.

J'avais encore un asile, on me gardait à crédit dans mon hôtel; mais je passais des journées sans manger.

Un soir, pour échapper aux tortures de la faim, j'ôtai ma chemise et j'allai la vendre. Tout était dit. Je ne pouvais plus sortir du bourbier, et j'y devais rester quinze ans. Il aurait fallu maintenant, pour me retirer de l'abîme, que quelqu'un me fît habiller de la tête aux pieds; on ne trouve pas tous les jours des gens pour faire ces sacrifices. Un homme qui n'a plus de chemise est perdu, quand même il aurait du génie.

Comment je vécus alors, je ne puis le dire. C'est l'histoire de tous ceux qui ont passé par là. Dans la journée, j'allais au cours de la Sorbonne jusqu'à quatre heures; on fermait les amphithéâtres à ce moment : je rôdais alors sous l'Odéon, à travers les rues, jusqu'à ce que l'on ouvrît la bibliothèque Sainte-Geneviève, et je passais ma soirée dans la salle, lisant de préférence les livres sur les banques, et étudiant les hautes questions d'économie sociale pour faire un jour profiter l'humanité de mon savoir; quelquefois, quand j'étais découragé, ouvrant les livres et la géographie de Maltebrun, et me reportant par la pensée vers les pays bénis où l'homme trouve son dîner pendu aux branches sous forme de fruits savoureux.

*
* *

Il m'est certainement arrivé de passer trois jours et trois nuits consécutives sans prendre aucun aliment, quoique le fait se soit rarement produit.

Le matin de la troisième journée ou dans la soirée de la deuxième, l'inquiétude devient tellement vive que l'on ne tient plus en place, et la résistance que l'on a pu opposer jusqu'alors à la faim est nécessairement vaincue.

Les souffrances de l'estomac sont à peine sensibles, on n'éprouve dans cette région qu'une douleur confuse; mais, au bout d'une trentaine d'heures, commencent à se déclarer des battements de cœur violents. La journée est pleine de fièvre, et, si l'on s'est couché le soir sans manger, la nuit qui suit est troublée par des rêvasseries d'halluciné, les oreilles tintent, la tête tourne, le délire commence. Dans un sommeil que l'épuisement impose, on rêve de dindons rôtis, de chapons au lard, et l'on se réveille, la gorge enflammée et sèche, dans un état d'affaiblissement qui est près de se transformer en syncope.

Il faut descendre, et, presque mourant, battre le pavé pour arriver à ne pas mourir : tout le sang qui vous reste vous monte à la face quand vous passez devant la loge du portier qui pourrait voir que vous avez faim ! Enfin vous voilà dehors ! Cette fois on trouve, il le faut bien ; on trouve, puisque si on ne trouve pas, on est mort.

Mais le supplice n'est pas fini et le danger n'est pas passé. Celui qui vous nourrit ne le fait pas pour assister aux tiraillements tristes d'une agonie, et si l'on veut ne pas se fermer sa table pour la vie, il est bon de lui cacher qu'on est si pauvre ! Aussi l'on mange, on mange de ce qu'il y a, de la choucroûte ou des andouilles, du bœuf à la mode ou du lapin ; on dîne ! Faute inévitable, mais lourde ! Il n'aurait fallu qu'un bouillon ; l'estomac est trop faible pour supporter le poids des viandes, et la digestion est aussi pénible que le jeûne était affreux. Les gens qui vous voient malade crient au vice ; on m'a appelé ivrogne quelquefois, quand je me débattais dans ces convulsions douloureuses.

*
* *

Quand je calcule quel a été le prix moyen de ma dépense alimentaire, j'arrive à un chiffre de cinq sous par jour ; quelquefois je dépensais six sous, je suis allé jusqu'à sept et même à dix, mais, le plus souvent, je vivais pour trois sous.

Ces jours-là, j'achetais deux sous de pain chez le boulanger et un sou de gras-double au fricotier. Le fricotier ou la fricotière éventrait d'un coup le pain que je lui confiais, piquait avec un trident de fourchette deux ou trois morceaux dans la poêle où ils nageaient au milieu d'un bain de graisse, les mettait dans les flancs du pain après les avoir saupoudrés de sel et arrosés de vinaigre, recevait les cinq centimes, et enfin je pouvais aller dîner. Sans couteau, manger du gras-double n'est point chose élégante ni aisée : je n'ai pas eu pendant des mois un sou à économiser pour l'achat d'un *eustache!*

Je descendais sur les quais et je mordais à même dans le pain.

La tripe est une viande creuse qui ne soutient pas et remplit seulement l'estomac pendant le temps de la digestion. On ne meurt point, mais on ne vit pas; on n'a plus ni nerfs ni muscles.

Aussi quelquefois je remplaçais le gras-double par du bœuf : il me fallait deux sous de plus. Je courais à mon restaurant favori, place Maubert. J'avais là, pour quinze centimes, un bœuf frais, nourrissant, profitable. Je demandais le morceau entrelardé, et je faisais un repas succulent. Ma soirée était gaie, mon âme était sereine; j'aimais les hommes, et je m'inclinais devant les arrêts de la Providence.

Quand j'avais six sous, je me promenais longtemps, je consultais mes souvenirs et j'interrogeais ma prudence.

La délibération était longue ; je me demandais si l'avant-veille j'avais fait ou non un dîner solide. Je n'allais point à la légère du côté où m'appelait la voix du plaisir. J'ai toujours eu pour principe de manger de la viande le plus souvent possible, et j'équilibrais les substances.

Au point de vue des légumes, j'étudiais avec ardeur dans les livres du chimiste Payen quels étaient ceux qui contenaient la valeur d'azote la plus sérieuse — c'est l'azote qui donne la vie — et je fis encore cette étude trop tard! mon imprévoyance m'avait laissé pendant des années plongé dans l'erreur. Je m'aperçus, non sans tristesse, que la pomme de terre, sur laquelle j'avais compté, était de tous nos légumes le plus vide et le plus ingrat, et que la lentille, dont j'avais fait fi, méritait plus que de l'estime, car elle occupe sur cette échelle le premier rang. Je m'étais moins trompé sur le haricot, qu'il faut placer entre les deux.

Quelle joie pourtant, fière et douce, quand, après avoir consulté mon baromètre alimentaire, je pouvais me mettre au beau, courir à la crémerie voisine, après avoir passé au bureau de tabac! J'allais prendre mon cigare à la *Civette*, et je revenais, le suçant mais ne le fumant pas, jusqu'à la crémerie, où alors je l'allumais, en demandant, d'une voix que j'essayais de rendre calme, *deux sous de café noir*.

Il venait des camarades, dont on avait fait connaissance à la Sorbonne, sous l'Odéon, autour du bassin du Luxembourg, près des fontaines, et l'on causait. On causait de tout ce qui intéresse notre pauvre humanité, des races éteintes, des lois futures, l'émigration des âmes, l'immortalité, etc., etc.

C'étaient les jours des six et des sept sous, ceux-là! Il m'est arrivé quelquefois de ne pas dîner, pour aller le soir, avec l'argent, m'attabler dans la crémerie, et d'y rester! Que ceux qui n'ont pas le culte de leur intelligence et se résignent à vivre comme des bêtes, me jettent la première pierre!

* *
*

Ce qui me soutenait un peu, c'était la vente faite aux brocanteurs de vieux pantalons, d'anciens gilets dont n'avaient pas voulu les marchands d'habits à cor de chasse et que les camarades, souvent égoïstes, me laissaient emporter, comme on laisse les passants ramasser sous les arbres les pommes tombées.

La première affaire de ce genre que j'engageai avait pour objet, je crois, une blouse d'apothicaire fortement sirupée, mais qu'un simple lavage pouvait remettre à neuf. Elle avait coûté trois francs; je la revendis quinze sous à une bonne grosse femme qui trônait sur un tas de chiffons, éclairée aux lueurs d'une chandelle sépulcrale, dans un trou de la rue Galande. Je continuai avec elle ces ventes intermittentes, mais rarement je pus atteindre au chiffre de ma première affaire et le produit de nos échanges ne monta guère jamais pour moi au delà de six ou sept sous.

Si j'étais heureux quand une fois je tenais la somme dans mes mains, heureux au point que je ne croyais plus avoir faim ; quels combats il m'avait fallu livrer avec moi-même pour me déterminer à m'aboucher avec la marchande ! Je tournais et retournais dix fois le long des quais, sur la place Maubert, avant de m'élancer. On avait si souvent rejeté mes guenilles avec tant de dédain et d'ironie ! C'était alors une déception affreuse, comme pour vous quand une maîtresse vous a trompé, et la honte se mêlait à mes souffrances.

J'avais peur, quand le paletot ou la culotte étaient un peu brillants, qu'on me prît pour un recéleur ou un escroc ; toutes ces inquiétudes m'assiégeaient au moment d'aller chez le brocanteur. Mais, la faim poussant, il fallait bien s'y décider. Qu'on me refusât à une porte, je me traînais jusqu'à une autre. Le Sisyphe antique souffrait moins à toujours remonter son rocher, que moi, affamé, à toujours offrir ma guenille !

Un soir (je donnais à cette époque, le matin, dans une pension des grands quartiers, une leçon d'une heure qu'on me payait dix sous), je m'étais tourné et retourné sur ma chaise à la bibliothèque Sainte-Geneviève, dévorant une page de philosophie et n'ayant rien eu sous la dent depuis un temps infini ; il était neuf heures, on ne sortait qu'à dix, je n'avais pas d'espoir, mais je me sentais miné par la fièvre.

Je pars en courant, comme si j'étais devenu fou ; je descends de la place Maubert sur les quais, — il gelait à pierre fendre — j'ôte un vieux gilet que j'avais sous un paletot d'été, et, reprenant ma course, je remonte. Je me précipite rue de la Bûcherie, chez une brocanteuse.

« Combien voulez-vous de ce gilet? me dit-elle.

— Quatre sous. »

A ce moment, sort, comme de dessous terre, un homme en blouse sale qui m'interpelle.

« Vous vendez ce gilet? fit-il.

— Oui.

— Nous allons voir s'il est à vous.

— Il est à moi. »

J'avais à peine répondu, que, tirant lui-même sur mes manches, il m'ôte, sous le vent glacé du soir, le paletot qui était mon dernier vêtement, et me fait essayer le gilet qu'il mesure sur ma taille. Il eût pu se passer de me déshabiller. Le gilet était au premier coup d'œil trop grand — tous les gilets me sont trop grands !

Il fallait en justifier la possession.

« Il m'a été donné par telle personne, rue Saint-Fiacre.....

— Allons-y, » me répondit l'homme.

Au tournant de la rue, nous passons devant un poste militaire. Mon conducteur m'engage à entrer et j'entre sans défiance aucune. Je pensais qu'on allait là s'expliquer et que tout serait dit.

Je suis bel et bien retenu et fourré au violon.

Je ne vis mon homme que le lendemain.

« Comment ! lui dis-je, tout grelottant et épuisé, pour un gilet de quatre sous, vous me faites passer une nuit au poste ?

— Il n'y avait personne hier soir à l'adresse indiquée. »

Ce fut là toute son excuse. Je ne répondis pas ; pour peu que j'eusse élevé la voix — et je n'en avais guère la force — on me gardait.

Il était neuf heures. Ma classe attendait. J'arrivai en retard de vingt minutes ; on me traita sévèrement, le directeur me demanda si j'avais passé la nuit avec des femmes, et on me rogna trois sous sur ma leçon de ce jour-là.

*
* *

Quand il n'y avait ni roman dépareillé ni culotte effrangée à vendre, qu'on n'avait pas un sou, un liard, un centime, et qu'on avait faim, bien faim, alors commençait la *chasse*.

Des gens charitables qui ont dû souffrir, vident leur poche d'un morceau de pain desséché et le déposent soigneusement sur une borne, un rebord de fenêtre ou parapet d'un pont.

Je partais, fouillant de l'œil coins et recoins. Cette chasse sérieusement poursuivie amenait presque toujours un résultat. Il me fallait quelquefois rôder dans toute une aile de Paris, faire, en tournant et retournant, deux lieues, trois lieues ; mais il était rare que je ne misse pas la main ou le pied sur un reste de pain, boule de mie ou lambeau de croûte. Jamais, au grand jamais, la trouvaille n'était suffisante pour satisfaire l'appétit, mais elle ranimait les forces, mes jambes retrouvaient un semblant de vigueur, et je pouvais aller jusqu'au moment où la Providence jetait un peu de viande sur mon passage.

Quelquefois mon regard, aiguisé comme un œil de sauvage, apercevait de loin dans un angle ou au bord d'un trou, un morceau de pain. Mais le coin était passager, le monde allait, venait : je serais vu. Il fallait attendre, attendre que le moment fût propice. Il est arrivé que pendant que j'attendais ainsi, un autre qui avait peut-être moins faim que moi, mais aussi moins honte, mettait la main sur le morceau et l'emportait en le dévorant.

Un soir, vers onze heures, courant affamé, j'aperçois sur les bancs circulaires du Pont-Neuf au moins une vingtaine de morceaux de pain. Quelle joie ? Il y avait là de quoi se repaître pour deux jours. Mais je pus à peine y mordre, malgré mon furieux appétit. C'étaient certainement des restes qui dataient de huit jours, le fond de corbeille de quelque restaurant voisin. Ils étaient plus secs que de l'amadou et aussi durs que de la pierre, ils cassaient comme du verre sous la dent. S'ils n'avaient pas eu de goût, il eût été encore possible de les manger en allant les tremper dans l'eau qui coulait en bas ; mais leur saveur âcre ne me permit pas de faire le festin que je m'étais promis. Le désenchantement fut amer.

L'heure la plus fructueuse et la plus propice pour cette chasse, c'est la sortie des écoles. Les enfants jettent leur pain et les malheureux le ramassent.

J'ai eu pourtant le courage de courir ainsi après les croûtes déposées ou perdues, ayant sous mon bras des douzaines de gros biscuits. Je les avais achetés sur des économies faites dans une place où j'étais resté quelques semaines, et je comptais les revendre dans la campagne de Paris. Après quelques excursions inutiles à travers la banlieue, je me retrouvai seul avec mes biscuits. « Je n'y toucherai, dis-je, qu'à la dernière extrémité. » Mais un soir je n'y pus plus tenir ; le lendemain vit partir le reste. J'avais mangé mon fonds.

On pense bien que, dans cette situation, je n'avais pas de crédit, point de compte ouvert à la Banque. Il m'est arrivé trois ou quatre fois, un jour où je souffrais trop et qu'il fallait me reposer, de ne pas payer dans les crémeries dont j'étais depuis longtemps l'habitué. Mais comme j'étais inquiet au moment de partir ! Je retardais, retardais ce moment ! Enfin, profitant d'un instant heureux où je voyais le patron sourire, où il caressait son enfant, je m'avançais et disais : « A demain ! »

« A demain ! » Cela a voulu dire plus d'une fois : A l'an qui vient ! A la prochaine révolution ! »

Je me suis fermé pour la vie des crémeries où j'étais bien et où l'on pensait comme moi autour de la table, parce que je n'avais pas, le lendemain ni les jours suivants, les quatre sous que je devais rendre. Le temps se passait. Si quelque monnaie tombait du ciel, je n'osais plus reparaître. Avoir fait attendre pour si peu !

Je viens de consulter mon portefeuille ; je dois quarante-neuf sous en tout dans les restaurants de Paris et un petit pain à un boulanger de la rue Saint-Jacques.

Je ne connais les monts-de-piété que pour avoir passé devant, et si j'ai eu des moments d'envie, c'est quand je voyais des gens y entrer. Ils avaient donc des habits en double, de la toile et du drap de reste ! Toutefois l'envie n'est pas dans ma nature, et ce mauvais sentiment ne durait pas.

On le voit, j'ai cruellement souffert de la faim.

Eh bien ! ces souffrances-là ne sont rien à côté de celles qu'on éprouve à n'avoir pas d'abri.

Sur mes quinze ans de séjour dans la grande ville, j'ai bien été trois ans au moins nuit et jour dans la rue.

Il m'est arrivé — des trimestres durant — de ne pas me déshabiller et de coucher sur la terre dure. Pendant cent onze nuits consécutives, je n'ai eu d'autre toit que la voûte azurée du ciel ; et, dans les jours qui suivaient ces nuits, j'étais dans un tel état de misère apparente, que jamais personne ne m'a offert son lit, prêté son fauteuil, pour y reposer quelques heures.

Mes époques de vie en plein air, sans interruption, sont l'hiver de 53, presque toute l'année 57, et enfin la belle saison de 63.

De 1853 à 1854, j'ai couché rue des Grès et sous l'Odéon. Rue des Grès, il y avait, en se rendant de la rue de la Harpe à la Bibliothèque, deux ou trois marches au seuil d'une maison ; au haut des trois marches, à gauche, montait l'escalier ; à droite, c'était un mur mitoyen à l'autre maison. Il y avait eu précédemment une porte vitrée qu'on avait enlevée, je ne sais pourquoi, et déposée en biais du côté du mur. Je couchais derrière cette porte.

Je découvris cet asile, une nuit que j'avais fouillé tous les coins sans en trouver un où je fusse à l'abri des regards indiscrets et protégé contre les rondes de la police. Pendant quatre mois j'ai dormi là-dessous, mais dormi d'un triste sommeil !

Les premières nuits, ce fut une crainte affreuse ; je me souvenais que je rêvais tout haut et que j'étais sujet au cauchemar. Si le cauchemar me prenait derrière cette porte vitrée, elle allait tomber sur moi, les carreaux se cassaient ; j'étais découvert plein de sang, arrêté, perdu. Mais je ne me couchais là que quand la fatigue m'étendait à terre comme une masse, et je ne bougeais pas plus qu'un mort.

C'était le froid qui me réveillait. J'étais sur la pierre nue, humide ou glacée ; le sang s'arrêtait dans mes veines ; si j'avais eu des habitudes d'intempérance, vingt fois je serais mort ! je me levais, je sortais à quatre pattes de dessous la porte vitrée, écoutant si des sergents de ville ne passaient pas, et je me mettais à courir autour de la Sorbonne, de toutes mes forces, pour me réchauffer un peu. Je rentrais ensuite et je me couchais, pour me relever trois quarts d'heure ou une heure après, quand mes veines charriaient de nouveau des glaçons.

Je fus arrêté cinq ou six fois comme vagabond. Le lendemain, je me faisais réclamer par un *pays* qui y mettait de la bonne volonté.

Ce séjour de quelques heures au poste, au lieu de me nuire, m'était salutaire. J'étais là dans le paradis, et j'y puisais des forces pour retourner le soir dans mon enfer. On ne me surprit jamais dans mon trou, et on pense bien que je ne le fis pas connaître. Le soir même de ma libération, je retournais derrière la porte ; mais je ne sortais alors qu'à la dernière extrémité, me mordant quelquefois les bras, quand j'avais trop froid, pour y faire venir le sang.

Personne ne me savait là, je pouvais le croire du moins ; je partais quand les plus matineux s'éveillaient ; tout petit, je tenais peu de place et me cachais si bien. Une fois pourtant, à deux heures du matin, par un éclatant clair de lune, je regardais, dans un moment d'insomnie, les étoiles au ciel, et les beaux vers de Musset revenaient sur mes lèvres :

> Pâle étoile du soir, lointaine messagère,
> ....

quand, à travers l'air froid, dans un silence des mers polaires, j'entendis, venant de je ne sais où et dits d'une voix de fantôme, ces trois mots : « Il est là ! »

Je crus que mes cheveux étaient devenus blancs comme la neige qui couvrait les rues. Ce soupir dans la nuit triste m'avait glacé d'effroi. J'attendis quelques minutes ou peut-être quelques secondes, je ne sais pas, et je sortis pâle comme un homme qu'on allait assassiner et qui a entendu approcher l'assassin. Jamais on ne me revit plus derrière la porte de la rue des Grès. Pendant longtemps j'ai entendu cette voix mystérieuse murmurer à mon oreille cette parole : « Il est là ! »

*
* *

Nous sommes en août 1857 ; je viens de publier une brochure de huit pages intitulée : *Un galop à travers l'espace*. Je fonde sur cette publication des espérances qui ne se réalisent pas, et la vie sans abri recommence ; elle continue presque sans interruption jusque bien avant dans l'année 1858.

A cette époque, je vais demeurer aux fortifications, sous un arbre, près de la porte de Vanves. Je ne pouvais plus passer la nuit dans l'intérieur de Paris ; la nouvelle organisation des sergents de ville, triplés, quadruplés, me le défendait.

Certes, quand je vis M. Haussmann arriver aux affaires, ce que je savais de son indomptable énergie me fit tout de suite entrevoir l'avenir, et je ne me trompai pas sur les conséquences désastreuses pour moi de cette nomination. On allait refaire Paris, détruire les petites rues, supprimer l'ombre, et il n'y aurait plus place pour les penseurs sans domicile dans les coins obscurs. Nos petits-neveux se trouveront bien de ces améliorations, mais je ne crois pas être séditieux et je reste dans les limites de la plus pure vérité en disant que j'en ai beaucoup souffert.

L'arbre sous lequel je demeurais existe encore, et, le dimanche quelquefois, j'y vais en pèlerinage et je m'assieds dessous avec religion ; j'y reste un peu de temps par reconnaissance. Je ne crois pas devoir m'abstenir de cet hommage, les jours où la terre est mouillée. Elle l'était bien autrement quand, pendant mon sommeil, humide des eaux de l'orage, elle se creusait et prenait l'empreinte de mon corps endormi !

Son feuillage d'ailleurs est touffu et large ; c'est un dôme épais sous lequel un homme de bien peut reposer tranquille. Je m'adossais contre le pied du tronc, assis sur un portefeuille à deux poches où étaient mes *œuvres*, en me pelotonnant.

Quand j'y étais, j'étais bien heureux ; mais pour y venir, quelle souffrance !

* *
*

Je partais de Paris le plus tard possible, à dix heures d'ordinaire, quand on fermait la Bibliothèque, mais à onze heures seulement, quand je pouvais, pour mes deux sous, entrer dans quelque crémerie. Je retardais autant qu'il m'était permis mon départ, par cette raison qu'il me fallait arriver à mon arbre quand personne ne passait plus.

Je me mettais donc en route jusqu'au dernier moment. Oui, le voyage était pénible !

Je trouvais la force de me tenir éveillé dans les rues de Paris, par peur des sergents de ville ; mais je cédais en arrivant sur la route de Vanves dès que j'avais passé la rue du Transit. Plus de police ! La route était déserte, bordée de champs, et il n'y avait sur le parcours qu'une pauvre maison.

Je dormais en marchant. Il arrivait souvent que, le sommeil devenant profond, mes genoux ployaient et je tombais tout à coup. La chute me réveillait et je reprenais ma marche.

Une nuit, à la suite d'une chute de ce genre, je me relève et poursuis ma route. Mais je m'étais mal orienté ; au lieu de tourner à droite, j'avais pris à gauche, et je cherchais en vain ma route.

A travers le brouillard qui pesait sur mes yeux, je voyais des maisons que je ne connaissais pas. J'allais, j'allais toujours. Écrasé de sommeil, je tombai à plusieurs reprises, une dernière fois pour me relever quand le soleil parut à l'horizon. J'étais étendu au milieu d'un pont, à une lieue au moins de mon domicile de hasard ; une voiture n'avait qu'à passer, j'étais broyé.

*
* *

Une fois *au lit*, tout n'était pas dit. Ici, comme rue des Grès, je devais me lever au moins tous les trois quarts d'heure et sauter un bon quart d'heure pour réchauffer mes pieds. Dans ces entr'actes de circonstance, je me tournais comme les mages vers l'orient pour voir si les premières lueurs du jour ne blanchissaient pas l'horizon.

Quelle joie quand montait au ciel l'étoile du matin ! Elle devançait d'une heure le lever du soleil. Mais comme je regagnais tristement le pied de mon arbre, quand elle ne s'était pas encore montrée ! On était en hiver et les nuits sont longues, par le froid, sous l'orme !

Enfin j'attendais qu'il sonnât cinq heures, et je descendais sur Paris. Je prenais du pain en passant dans les boulangeries, quand j'avais un peu d'argent, et j'allais me restaurer d'une omelette dans une crémerie située au coin de la rue du Four, crémerie ouverte de grand matin sur le passage des maraîchers qui vont aux halles ; ou bien je me réfugiais dans l'église chaude de Saint-Sulpice. Avec quelle joie j'entendais sonner l'Angelus qui devait m'en ouvrir les portes !

C'est de l'intérieur des fortifications, autour desquelles j'errais, que j'ai entendu les tambours de la garde nationale battre la diane du 1er janvier 1858. Le froid avait été rude pendant la nuit; j'avais dû presque tout le temps tourner autour de mon arbre. Je vis sur le matin l'herbe verte du glacis blanchir en se couvrant de givre; les tambours au loin battaient joyeux, et, le soir, quand je revins, je ne rencontrai sur mon chemin qu'enfants heureux et pères ivres.

Moi je suçais des écorces d'orange pour tromper la faim.

* *
*

En 1862, au printemps, la misère revient; le lit me manque. Je retourne coucher sous l'Odéon, où j'ai dit que j'avais déjà demeuré; mais je n'ai point, je crois, expliqué comment. Il y a, on le sait, aux portes des théâtres, des barrières qu'on dresse, le soir, pour maintenir le public qui fait la queue, et qu'on démonte après l'entrée. Le concierge de l'Odéon dressait ses barrières contre le mur, et je me glissais derrière. J'y étais parfaitement à l'abri, grâce à la précaution que je prenais, en me faufilant, de disposer les cloisons, de façon que les barreaux des unes couvrissent les interstices des autres, si bien que l'épée des sergents de ville, quand ils tâtaient, rencontrait toujours le bois. Je riais à me tordre quelquefois, quand ils s'escrimaient inutilement. Nous avons été deux longtemps ; j'avais un voisin aimable, ancien économe de lycée disgracié, qui savait beaucoup et disait bien. Nous causions religion et métaphysique — à l'oreille. Enfin la conversation tombait, on se souhaitait une bonne nuit, on s'arrangeait sur la dalle et l'on dormait.

*
* *

A la suite d'une arrestation en 1862, je ne couchai plus sous l'Odéon que de loin en loin, par-ci par-là, et je me mis en quête d'un nouvel abri.

Mon arbre des fortifications était toujours debout, mais il se trouvait prisonnier maintenant. La banlieue vient d'être annexée, et on a éclairé le chemin de ronde qui longe les fortifications. Les sergents de ville y exercent la surveillance, concurremment avec les patrouilles de *gabelous*.

Il faut gagner la pleine campagne.

Je reste dans le département, mais je dépasse le rayon de la banlieue.

Je choisis sur le territoire d'Arcueil un arbre qui ne vaut pas l'autre ; je viens y coucher tous les soirs.

Une fois pourtant je ne *rentrai* pas.

Vous souvient-il ce de banquet à une table de la *Californie* sous les grands marronniers, où, à la lumière des lanternes, sous le ciel tiède, nous vidâmes à quatre les trois litres à *seize* dont le flot ardent avait mis le feu dans nos veines et l'inspiration sur nos lèvres. Gérard défendait la monarchie, nous étions pour la république; Boulmier nous récita de sa voix vibrante une olynthienne; Paygan nous fit l'histoire du bataillon de Flotte. Ah ! nous ne songions, Dieu nous en est témoin, qu'au bonheur des peuples; nous n'aimions que le beau, ne voulions que le vrai !

Vous payâtes 5 fr. 40 et nous partîmes.

Chacun dit qu'il rentrait chez soi, et je le dis comme les autres.

Vous croyiez que je restais route d'Orléans : j'y restais.... le temps de la suivre jusqu'à Arcueil, et là, je me couchais sous la lune.

Mais ce jour-là, un peu gai, peut-être un peu *parti*, l'idée me prit de découcher. Derrière une haie verte, j'avisai un monticule où se trouvait ménagé un trou comme une niche. Je m'y laissai couler et m'étendis.

Il plut pendant la nuit, et l'eau passait sous moi par une petite rigole courant dans l'herbe; mais il n'est pas de joie sans mélange, et dans les cieux les plus cléments passent des éclairs d'orage. Je ne pouvais en vouloir au bon Dieu de mettre un peu d'eau dans mon vin.

Les exigences de la civilisation troublaient pourtant ma vie nocturne et me gâtaient ma saison.

Je fus une nuit découvert par un garde champêtre,

armé d'un fusil chargé, qui me mit en joue à un moment où il croyait que j'allais fuir; certainement il eût fait feu, si je ne m'étais pas arrêté. C'était la consigne, il l'aurait impitoyablement exécutée. Nous partîmes pour la gendarmerie de Sceaux, où il devait me mettre aux mains des gendarmes. Mais en route, on causa.

Je m'adressai à son bon cœur en lui faisant l'aveu de ma misère! Il répondit à mes confessions par les siennes. C'était un ancien montagnard de Caussidière, toujours républicain, mais qui, pour vivre, avait dû cacher sa cocarde. Un notable du pays, qu'il avait par hasard défendu un jour d'émeute, lui avait fait avoir la plaque et le fusil de garde champêtre. Il était devenu sceptique, ne croyait plus guère aux hommes; mais mes théories socialistes lui plurent, et nous nous trouvâmes du même avis sur plus d'un point. Il me quitta au matin en m'appelant son frère, et il me promit de ne revenir me réveiller sous mon arbre, désormais, que pour reprendre la discussion à l'endroit où nous l'avions laissée.

Je sentais qu'il y avait là une éducation politique à refaire, et que je pouvais ranimer chez cet homme la notion du vrai, pour peu que j'en eusse le temps. Mais devais-je, sur cette espérance incertaine, exposer ma liberté? Fus-je coupable en abandonnant cette tâche? Je ne le crois pas; d'autant plus que l'ancien montagnard m'avait avoué qu'il aimait à boire, et que j'aurais eu affaire plus d'une fois à un élève aviné qui m'aurait mal compris.

Je ne profitai pas de son offre, et je m'abstins de paraître sous mon arbre.

* *
*

J'allai sous l'un, sous l'autre, pendant quelque temps; mais le risque d'être découvert était grand, et ces nuits d'été, moins douloureuses que les nuits d'hiver, étaient peut-être plus fatigantes.

En été, le jour vient vite. Cette étoile du matin que j'accueillais d'un remerciement en décembre, je la saluais d'un soupir en mai, et rien ne m'attristait plus que l'aurore.

A trois heures et demie au plus tard, une lumière pâle éclairait les routes. Il commençait à passer du monde. Je ne pouvais rester là. Il fallait fuir et continuer le sommeil en marchant, me réveillant quand j'allais donner de la tête contre un arbre.

Je ne devais pas songer à rentrer en ville de sitôt. On est suspect de vagabondage à cette heure, dans les rues, quand on y marche d'un pas traînant, chaussé de souliers sans talons, sous des habits troués. Mais enfin il faisait bon. J'allais devant moi sur les routes peu fréquentées, la tête dans l'air frais, les pieds dans la rosée. Quand il passait du monde, je cueillais des fleurs dans l'herbe, comme un rêveur.

Je m'arrêtais enfin dans un petit sentier, et là assis près d'une haie, faisant semblant de lire, mettant sur mes genoux quelque roman dépareillé, je sommeillais, tout près des champs pleins d'odeurs et des bocages pleins de chansons.

Il me fut donné enfin, au bout de ces mois d'épreuve, de loger sous un toit entre les draps d'un lit.

**
* **

Fontan a arrêté là ses confidences.

Un fait domine ce récit curieux.

Ce n'est pas le froid, la faim, la fatigue, la veille qui épouvantent cet irrégulier. Si la terre eût été libre, il y aurait fait bravement son lit, sous le ciel, en attendant d'y trouver sa tombe.

Il n'a pas vieilli; il a le teint rose, un estomac de fer, et jamais il n'a eu un rhume !

Je ne parlerai pas de sa gaieté, qui est proverbiale. Il a sur ses lèvres un doux sourire; jamais une plainte amère contre la société.

J'ai dit que sa petite taille, le désordre fatal de sa toilette, désordre irrémédiable, éternel, à cause de la somme énorme qu'il eût fallu pour lui faire une garde-robe, lui rendaient impossible l'accès à une situation libérale. Il ne pouvait pas grandir, et avec des prodiges d'héroïsme, il n'arrivait jamais qu'à avoir trente sous pour renouveler sa chemise, ou quarante, pour acheter des souliers sans talons dans une échoppe.

Ainsi fait et vêtu, il n'avait d'autre ressource que le métier de hasard ou le travail de peine. Mais ici encore il était trop faible pour porter des fardeaux. Quant à gagner sa vie en faisant n'importe quoi, il y a essayé; on ne le lui a pas permis.

Il a essayé aux Halles de faire les commissions; mais il est interdit, au nom du factage réglementé, de porter un pain de beurre ou un sac de pommes. On sait déjà qu'il n'avait pu étaler le *Spectre noir*, et je l'ai vu qui tremblait devant les têtes de mouchard, quand il faisait sans permission, le commerce des biscuits ou des verres à gaz.

On ne peut rien vendre, rien tenter, rien faire, sans autorisation ou sans médaille.

En demander une? Mais on hésite! C'est se mettre pour la vie au ban de la société!... On ne s'en relève pas, le préjugé pèse sur vous et sur vos fils : c'est un boulet aux pieds, une plaie au cœur! Eût-on de quoi acheter une sellette pour cirer les souliers, on n'ose pas pour cent raisons! « Je n'aurais pas décrotté, dit Fontan, par respect pour les lettres. »

Qu'il retourne dans son pays! diront les uns.

Et des souliers?

Je me serais tué, crient les autres. Fontan n'a jamais pensé au suicide.

On se doit au monde, dit-il. Et puis ce serait se rendre, et il ne veut pas se jeter, vaincu, dans les bras de la mort, après l'avoir fait reculer quinze ans!

Il a fait ce qu'il a pu, des copies de thèses, des recherches pour des archéologues. Il a donné des leçons, l'éternelle ressource! mais des leçons à dix sous. Sur son costume, les prix baissaient. Il a été garçon chez un apothicaire, et secrétaire de Paul Féval.

C'est à la suite de ce secrétariat qu'il fonda sur ses économies, en collaboration avec un poète, Constant Arnould, le *Sans le sou*, qui fit du bruit. Il a été le rédacteur en chef gérant-propriétaire de l'*Enfant terrible*, qui eut deux numéros; il a fait imprimer une élégie, deux brochures, et collaboré au *Bohème*, à l'*Appel*.

C'est comme porteur des journaux dont il était corédacteur en chef ou collaborateur, qu'il gagnai les deux francs par semaine dont nous avons vu la distribution ingénieuse et vaillante.

Avec ses quarante sous, il mangeait et prenait de temps en temps son café.

Je lui demandai, après l'avoir écouté me raconter ses aventures, s'il voulait être notre secrétaire, à un camarade et moi, pour écrire une pièce que nous parlerions au coin du feu, et je lui proposai, comme rétribution, sa nourriture. Je savais bien ce que je faisais, et la spéculation était bonne. Je le priai de me fixer un chiffre. Combien par mois?

« J'aime mieux vous le dire tout de suite, me répondit-il. Je ne pourrai plus vivre comme autrefois... D'abord! je mangerai tous les jours.

— Que voulez-vous!...

— Il me faut ma demi-tasse.

— Allez toujours.

— Mes cigares?

— Diable !

— N'y allons pas par quatre chemins : il me faut vingt francs par mois. »

Voilà l'homme qui, s'il était tombé sous la main d'un commissaire cruel, eût été comdamné comme vagabond, et eût roulé jusqu'à la tombe, de dépôt en dépôt, de prison en prison.

Mais je n'ai pas sa résignation. J'ai peur, si j'insiste, que des mots de révolte ne viennent brûler mes lèvres !

Mieux vaut que nos colères, mieux vaut dans sa simplicité le spectacle de cette vie héroïque et triste.

POUPELIN,

dit *Mes Papiers*.

Par un soir d'hiver, il y a trois ou quatre ans, je vis tout d'un coup, accroché à mes basques, un petit homme étrange, qui avait une tête trop grosse et des bras trop courts, pour lesquels on l'avait refusé à la conscription.

Il était vêtu d'un pantalon d'enfant et d'une redingote de centenaire, coiffé d'un chapeau de feutre dur, énorme, à poils jaunes, qui l'écrasait comme un remords !

Je le regardai avec intérêt. Les bouffons m'attirent.

Il remarqua ce regard, et caressant le plastron de sa redingote : « Il faut être bien mis, dit-il. Du reste j'ai toujours aimé la toilette. »

Qui était-ce ? D'où venait-il ?

Il avait, douze ans auparavant, habité le même hôtel que moi, et, au bout de douze ans, il me reconnaissait. Je le reconnus aussi, et, comme il m'avoua avec franchise avoir tout sacrifié pour ses vêtements, et souffrir même de la faim, je l'emmenai pour le soutenir — et l'étudier.

Il s'appelle POUPELIN et prétend que C'EST LUI QUI A FAIT L'EMPIRE.

Personne ne se fâchera, pas même l'Empereur, j'espère, de ce récit où sont consignés les exploits et les malheurs du Warwick nabot.

Je vais prendre Poupelin à son début et le mener jusqu'à nos jours.

C'est un Saintongeois. Il était, en 1848, petit propriétaire campagnard dans deux ou trois communes de la Charente-Inférieure, et pouvait vivre de ses lopins de terre, s'il consentait à les cultiver. Mais Poupelin était allé jusqu'en troisième, et il avait lu Plutarque.

La république arriva, adieu les champs et le fumier ! Au lieu d'engraisser les poules, il se mêla d'élever des aigles. Poupelin se fit le patron de la candidature Louis-Napoléon Bonaparte.

On se souvient que c'est le département de la Charente-Inférieure qui envoya, le premier, le prince comme représentant à la Chambre. Poupelin conduisit au vote trois villages. A l'époque de l'élection présidentielle, il soutint en faveur du candidat illustre des luttes pleines de gloire et de périls. On faillit l'assommer deux ou trois fois. Il ne pouvait pas rendre les coups de poing qu'il recevait, puisqu'il avait les bras trop courts. Enfin, couvert de bosses, noir de coups, il vit de ses yeux pochés le nom de son protégé sortir de l'urne.

Le Prince Louis-Napoléon Bonaparte était président.

H.-J.-P. Poupelin était ruiné.

*
* *

La propagande veut des frais, ou plutôt la gloire coûte cher. Pour se faire un nom et dresser un piédestal à son éloquence, Poupelin parlait au peuple du haut de ses propres barriques, qu'on remplissait avant et qu'on vidait après. Il donna même des banquets, et, chaque fois qu'il tuait un cochon, il envoyait du boudin aux impérialistes.

Son petit avoir fut ainsi entamé, hypothéqué bientôt, et il lui suffit, quand il était à Paris, de quelques emprunts faits dans le pays pour achever de le ruiner. Mais Poupelin croyait qu'au lendemain de la victoire, on ne l'oublierait pas, et il ne lésinait point. Son cellier et sa basse-cour étaient les corridors de la députation.

Il fut, pour son malheur, un des délégués de la Charente-Inférieure, chargés de féliciter le Prince. L'aide de camp général Roguet les reçut sur le pont de la frégate-école, où Poupelin le harangua.

Il n'a pas voulu me dicter son discours ni la réponse qu'on y fit; mais, quand il raconte cette entrevue, c'est toujours à la première personne qu'il parle, se déplaçant, faisant les gestes, changeant la voix. On dirait qu'il lit une tragédie.

« Général ?

— Bon Charentais?

— Laissez un Cognaçais vous dire....

— Jeune homme, exprimez-vous ! »

Le général fut aimable comme toujours, et félicita vivement l'orateur, l'assura de la reconnaissance du Président, manifesta l'espérance qu'on se reverrait, etc., etc. On se quitta.

Poupelin rentra chez lui. Il songea quelque temps à son coteau natal, se rappela les bonnes heures passées dans ses vignes, sous le soleil qui l'avait vu naître; mais le citoyen l'emporta sur l'homme et il écrivit à Cognac.

Il écrivit qu'on ne devait pas compter sur son retour. Le soin de la chose publique le retenait ici, près de l'Élysée. Mais on pouvait être sûr qu'il n'oublierait pas le village où il avait joué enfant, et que ses sympathies les meilleures étaient toujours acquises à cette Charente où il avait grandi (pas trop).

Il terminait en promettant qu'il ferait tout pour obtenir une fontaine sur la place.

A ce moment un régiment passait dans la rue, tambours en tête. Comme il y avait un embarras de voitures, la musique s'arrêta sous ses fenêtres. Poupelin parut au balcon, salua et disparut. Il savait que dans la vie publique il ne faut pas se prodiguer.

Le lendemain, il se rendit à l'Élysée.

Poupelin entre, son portefeuille sous le bras; il venait sans doute pour travailler avec le président, et, comme il était tard, il allait vite.

On l'arrête à la porte.

« Je vois, dit-il au fonctionnaire, que vous faites votre devoir en bon serviteur et en bon soldat. Votre nom, pour que j'appelle sur vous l'attention du Prince.

— C'est le vôtre qu'il faut nous donner, fit le gardien, que le costume hétéroclite de son protecteur inattendu laissait encore incrédule et défiant.

— Votre intelligence égale votre dévouement, » répondit Poupelin, et il jeta son nom.

On revint, quelques minutes après, répondre qu'on ne le connaissait pas.

« Dites, cria-t-il avec un geste à la Mirabeau, dites que c'est l'orateur des Charentais qui vient visiter l'élu de la Charente. »

Après trois quarts d'heure d'attente, pendant lesquels Poupelin croyait qu'on préparait les appartements, on le fit entrer.

Un homme, au seuil d'un couloir un peu sombre, se tenait debout, vêtu de noir.

Poupelin baisse l'échine, lève le bras, et il commence :

— Votre nom à la fois fait trembler et rassure...

— Je m'appelle Pitou, répondit l'homme. »

Si Poupelin eût été superstitieux, il s'en fût tenu là. Sa carrière de courtisan commençait mal, on ne confond pas ainsi les huissiers et les présidents. Il devait reprendre le chemin de fer et ne plus songer à la fontaine.

Il resta.

Faut-il dire combien de fois il a frappé aux portes des ministères, que de gens il a poursuivis, harangués, lassés! On ne connaissait que lui autour de l'Élysée, et il passa pendant quelque temps pour un envoyé de Mazzini, de Mazzini, scélérat, qui avait choisi ce petit homme comique, grassouillet, bavard, pour accomplir le crime.

Il *descendit* d'illusion en illusion jusqu'à un septième de la rue de l'Arbre-Sec, où j'eus l'honneur de le connaître. Il espérait encore.

Mais non ; l'Empire se fit, et Napoléon III gouverna, fit la guerre, sans s'aider de ses services ou seulement de ses conseils. Il y eut des changements d'ambassadeurs, des remaniements de cabinet, on appela des hommes nouveaux : Poupelin ne fut d'aucune combinaison.

A la fin, fatigué, un peu triste, il songea à se retirer, pour un temps au moins, et je le vis un jour qui rentrait avec une feuille de papier-ministre à la main. Il écrivit, le soir, au cabinet des Tuileries; sa lettre était simple et digne.

Il annonçait son intention de rentrer dans la vie privée.

Laissant à d'autres le soin des affaires, il allait se reposer des luttes d'autrefois sous le toit de ses pères. Il était décidé à refuser désormais tout ce que le gouvernement songerait à lui offrir. Mais, pour montrer qu'il ne boudait pas, que c'était fatigue et non rancune, il déclarait qu'il accepterait avec reconnaissance la croix de la Légion d'honneur. Il priait Son Excellence de vouloir bien appuyer le plus tôt possible sa demande, et soumettre prochainement sa nomination à la signature de l'Empereur. Il allait partir et aurait voulu attacher le ruban à la boutonnière de sa redingote de voyage.

A partir de ce jour, il lut tous les matins le *Moniteur* sur les murs des mairies et se chercha parmi les décorés. Il commençait à perdre patience, quand un jour, sur la liste, il voit un nom qui ressemblait au sien. Ce n'était point l'orthographe exacte, et un des prénoms était faux. Aussi écrivit-il au ministre pour obtenir la rectification, en faisant remarquer sans aigreur, mais non sans mélancolie, combien la fortune, jusque dans ses faveurs, se montrait bizarre envers lui. Il n'en remerciait pas moins Son Excellence, qui avait accordé à son dévouement cette récompense glorieuse, quoique tardive, qui serait l'unique héritage de ses enfants — s'il en avait.

Le *Moniteur* resta muet, et quand Poupelin se présenta au ministre pour s'expliquer, il apprit qu'on n'avait point fait erreur et que ce n'était point lui décidément le décoré.

Ce fut le coup de grâce, et sa foi politique en fut même, dit-on, ébranlée. Non qu'il ait rompu avec l'Empereur : « Je le vois toujours avec plaisir quand il passe, » dit-il; mais il ajoute, avec un sourire à fendre du bois, que sans l'Empire il aurait encore des vignes et plus de toilette.

A partir de ce moment où lui fut refusée la croix, Poupelin voua à certains hommes des ministères une haine implacable, et, pour donner à sa personne de l'autorité, alla de par le monde, recueillant partout des certificats en son honneur, pour prouver qu'il était apprécié dans la foule, s'il était craint chez les puissants. De là l'histoire épique de sa serviette et son surnom de *Mes Papiers*.

*
* *

Dès son entrée dans la vie politique, Poupelin s'était dit qu'on ne puise une autorité sérieuse que dans les sympathies de ses contemporains et que la véritable garantie, par ce temps de démocratie, est le témoignage des hommes. Aussi, s'adressa-t-il de bonne heure à leur mémoire et à leur franchise. Il avait, dès le début de sa carrière, tenu un registre exact et inexorable de ses actions.

Les premiers feuillets de son portefeuille racontent comment il résistait à l'émeute dans les campagnes; on y constate tous les triomphes qu'il obtint avec les raclées qu'il reçut. Tel soir, à l'auberge du *Cheval blanc*, il terrassa sous ses arguments victorieux un pharmacien orléaniste; tel autre jour, on le relève, moulu, l'œil jaune et le nez enflé : un jacobin s'est assis dessus.

Tous le monde a signé : le maire et les adjoints, le commissaire et les gendarmes, des fonctionnaires qui étaient en tournée, et des touristes qui passaient par là.

C'est avant la Présidence cela! Mais ensuite, après l'Empire, les certificats changent. Ce n'est plus le souffle ardent de la politique qui va tourner les pages. Poupelin, ne pouvant être pasteur des peuples, se fait éducateur d'enfants; il enseigne à nos fils l'alphabet et les quatre règles, c'est à ses patrons les maîtres d'école qu'il demande des certificats. L'un d'eux a mis : « Je certifie que M. Poupelin jouit d'un excellent appétit. » Et Poupelin a écrit en marge : « Un bon appétit est le signe d'une bonne conscience. » En 1860, le niveau baisse sensiblement. Poupelin fait établir qu'il paraît tranquille ; qu'en le voyant passer on ne remarque rien d'insolite ni de disgracieux dans sa démarche. Les garanties sont aussi sérieuses, mais les faits moins vastes.

Un jour, il regarde marcher un prisonnier entre deux gendarmes, et ses yeux se mouillent. Vite, il tire une écritoire de sa poche, et se fait délivrer par les assistants cette attestation : « Nous déclarons qu'un monsieur que nous ne connaissons pas, un peu noué, en voyant passer un prisonnier, a paru vivement ému et qu'il a versé des larmes. »

Par un beau soir d'été, au n° 11 de l'ancienne rue d'Enfer, il laisse tomber son portefeuille dans la fosse commune. Nous entendons des cris affreux : Poupelin, d'une main, retenait ses vêtements, de l'autre s'arrachait les cheveux. Il courut au poste des pompiers, et revint avec un sapeur qui plongea, et, dans l'abîme, alla repêcher la serviette.

*
* *

Ce sont ces papiers-là qu'on peut toucher quand on est entré dans la familiarité de Poupelin ; mais autrement il ne les montre qu'aux fonctionnaires et aux gendarmes.

Je me rappelle le jour solennel où je les vis.

C'était un dimanche de juin. Nous partîmes du Luxembourg, un compatriote et moi, ayant Poupelin entre nous deux, Poupelin qui ne devait plus rien nous cacher.

On prit la rue de Seine, les quais ; nous descendîmes sous les ponts, nous remontâmes. Il faisait un soleil torride. Nous enfilâmes le pont des Saint-Pères, nous longeâmes les Tuileries. Poupelin était ému, mais calme.

Mon ami, en face de ce silence, sous le ciel brûlant, commençait à se repentir. « Nous sommes, me dit-il à un moment où il croyait n'être pas entendu, sur la trace d'un grand crime. »

Par trois fois, nous entrâmes dans les cafés, et nous en sortîmes, Poupelin en tête.

Enfin, à l'entresol d'un estaminet sombre, Poupelin se déboutonna, déboucla la vieille bretelle qui retenait le portefeuille, l'ouvrit toute grande, et, le levant dans sa main gauche, de la main droite il frappa au milieu et dit :

« Ce n'est pas pour vous humilier, loin de là ! Mais vous n'en avez pas des comme ça ! »

Il est de fait que mon ami ne portait pas de papiers établissant qu'il était sensible, maigre ou gras. Poupelin triomphait.

Avant de lever la séance, il nous soumit un procès-verbal de la journée, qu'il nous pria de lui signer, si nous n'y trouvions rien de compromettant.

Il était ainsi conçu :

« Nous certifions nous être promenés avec le sieur Poupelin, et rien, dans le cours de cette promenade, ne nous a paru trahir chez lui une nature venimeuse et malfaisante. »

Nous signâmes.

*
* *

Que fait Poupelin dans l'intervalle des coups d'État?

Comme le métier de noircisseur de verre pour les jours d'éclipse, celui de faiseur d'Empire a ses moments de relâche ; il y a des mortes saisons.

Nous l'avons dit, il est instituteur primaire.

Mais il exerce de préférence dans la banlieue, et principalement du côté de Passy, Boulogne, Auteuil, Saint-Cloud.

Il m'a expliqué pourquoi.

« L'Empereur, dit-il, aime à prendre l'air. Je puis le rencontrer un jour. Nous causerons. Il faut que nous soyons seuls. » Et, vivant de cette espérance, Poupelin rôde dans les petites pensions de la banlieue cherchant, quand il mène les enfants en promenade ou qu'il a un quart d'heure de liberté, les coins où peut de préférence, pour un motif ou pour un autre, s'arrêter un empereur.

Un jour, il se trouva face à face avec l'Impératrice, le petit Prince et une dame d'honneur, dans une allée du bois de Boulogne. C'était le moment, et il était justement en toilette. Par un hasard sans nom, ce jour-là, il avait oublié ses papiers !

Il est bien peu d'écoles aux environs de Paris, dans lesquelles il n'ait été professeur, pion ou cuisinier ; le tout ensemble quelquefois. Des trois fonctions, dois-je le dire ? c'est encore la dernière qu'il préfère, et il est à craindre, malgré tout, qu'il soit à jamais perdu pour la politique.

Son éloquence lui nuit !

Je le fis entrer, il y a quelques années, dans un

hôpital où j'avais des amis. On le traita pour la fringale. Il eut portion double, du rôti, du vin.

Mais on signala, au bout de quelque temps, une mortalité considérable dans la salle qu'il occupait. Les malades tombaient comme des mouches : c'était Poupelin qui les tuait.

Il profitait de la souffrance qui les clouait sur le lit pour leur raconter sa vie et leur montrer ses papiers. Il inquiétait les agonies, il troublait les derniers moments ; on le vit faire signer des certificats à des malheureux qui rendaient l'âme.

On s'alarma.

Poupelin, qui avait une mine de chanoine, dut s'en aller. Le chef de service constata, à partir de ce jour, une diminution sensible dans le chiffre des morts.

Poupelin s'éloigna, et, dégoûté des hommes, il partit pour la banlieue, où il avait laissé du linge quelques années auparavant.

Il retrouva son linge, une place dans la maison, des saucisses les jours de fête et une cuisinière qui l'adorait. L'établissement ayant fait faillite, Poupelin songea à fonder, avec le cordon bleu, une petite fruiterie ; mais on le planta là pour un dragon.

Poupelin reprit son bâton de pèlerin et se remit à parcourir les communes.

Il mène depuis des années cette vie postiche et vagabonde, allant d'une extrémité du département à l'autre, enjambant même dans Seine-et-Marne, mais, de préférence campant à l'ouest pour l'Empereur, et marchant surtout la nuit. C'est pour qu'on l'arrête et qu'il puisse montrer ses papiers.

Sous tous les quartiers de lune, il a été par les grands chemins, se rendant où l'appelaient la lettre d'un maître d'école, une invitation à déjeuner d'un collègue, l'assignation d'un magistrat.

Car il est connu des magistrats; les marchands de soupe sont mauvaise paye, et on lui doit 5 francs à Arpajon, un écu à Gonesse, 52 sous à Saint-Mandé. Il va nuitamment où l'appellent ses intérêts, consolé en route par l'idée qu'il va parler et montrer ses certificats. Il est célèbre à dix lieues à la ronde, et quand, le matin, aux premières heures du jour, les paysans qui vont aux champs voient un homme assis sur les marches de la mairie, qui attend que le village s'éveille, ils disent : « C'est le petit qui a des papiers. ».

Qu'est devenue décidément, dans cette vie extra-muros, l'ambition de Poupelin, et que reste-t-il de ses rêves de gloire ?

Poupelin, comme beaucoup d'hommes politiques, a perdu la foi. Il va maintenant à la dérive. Il a pour la dernière fois, l'an passé, usé des protections qui lui restaient, pour obtenir d'être admis à faire son surnumérariat comme apprenti sous-contrôleur dans l'administration des Petites-Voitures ; et encore n'a-t-il pu mener à bonne fin ses tentatives ! Aujourd'hui il n'attend plus rien que du hasard et s'en rapporte à la volonté de la Providence.

Il a dormi longtemps chez moi dans un vieux fauteuil, étendu là comme Moïse dans son berceau : on avait fait même à ce propos une romance intitulée : *Poupelin sauvé des eaux*.

La nuit, il quittait quelquefois son fauteuil, et, dans les ténèbres, se glissait jusqu'à mon lit pour me réveiller et me demander, en tirant la couverture, si je croyais en Dieu. Quand, à travers ma mauvaise humeur, perçait un grain de scepticisme, Poupelin essayait de me convertir, mais c'était pour se rassurer. Cette préoccupation égoïste se trahissait dans son indifférence obstinée pour la vie future. Il ne parlait pas de l'autre monde et s'en tenait à celui-ci. En un mot, il voulait un Dieu équitable et bon, qui ne lui donnerait peut-être pas l'éternité, mais lui trouverait sur cette terre une petite place où il aurait la table et le logement avec quelques sous de poche. Quand mes arguments terrassaient les siens, il retournait plié en deux, vers son berceau, et je le voyais qui levait au ciel ses petits bras en soupirant.

Il se contenterait de bien peu cependant, et ce n'est pas le poste toujours périlleux de ministre ou d'ambassadeur qu'il réclame aujourd'hui.

« La France, dit-il, a des possessions sur l'Océan dont elle ne profite pas et ne fait rien. On m'y transporterait. J'aurais là une cabane, des poules ; j'acclimaterais les volatiles européens et je pourrais recueillir les naufragés. Si une femme voulait me suivre, je l'accueillerais à bras ouverts ; sinon, j'attendrais que le hasard en fît échouer une sur les côtes, et, si je lui convenais, tout serait dit. Je lui apporterais trente-huit ans de vie presque chaste, mon cœur..... et..... mes papiers !.... »

Telle est la dernière idée à laquelle s'est attaché Poupelin et qu'il me développait, il y a huit jours. Je la soumets au gouvernement, qui trouverait ainsi à faire garder ses poules et réparerait douze ans d'ingratitude.

Poupelin voudrait un uniforme.

Je ne vois pas trop au milieu de l'Océan, sur un écueil, de quel éclat utile pourraient briller une redingote à collet groseille et une casquette en cuir bouilli. C'est une faiblesse, passons-la-lui. Elle ne ruinerait pas l'Empire, et cela d'ailleurs inspirerait plus de respect aux visiteurs et de confiance aux naufragés.

En attendant, Poupelin a pris une spécialité peu connue et qu'il fonde :

Il est professeur d'enfants hydrocéphales.

Avis aux familles ! Écrire rue Voltaire, 10, ou à M. A. B...., au Jockey-Club.

M. CHAQUE.

Orientaliste, ancien Pallicare.

Celui-ci aussi est bachelier. Il a payé sa première inscription de droit en 1831, une autre en 1848 ; il en prend une le lendemain de tous les grands événements. Il a professé en France et à l'étranger.

Ce n'est point un naïf, lui, et il a su organiser la résistance contre la vie. Vous verrez !

Faut-il dire dans quelles circonstances je l'ai connu ?

C'était à un cours de la Sorbonne. Il n'en manque guère, et il assiste à toutes les conférences. Ce jour-là, l'amphithéâtre était plein ; on étouffait. Tout le monde demandait de l'air, ôtait son pardessus, se déboutonnait. Seul un homme, debout dans un coin, restait boutonné et couvert.

Ce n'était pas qu'il n'eût chaud ; la sueur qui inondait son visage prouvait le contraire : mais, par une singulière anomalie, cette sueur était blanche, comme si cet homme avait eu le crâne en plâtre. Cette persistance à garder son chapeau agaçait ma curiosité, et tout le temps du cours je fixai ce visage de Pierrot mouillé.

Nous sortîmes, j'allai derrière lui. Il pressait le pas. Je le vis remonter la rue de la Harpe, il prit le Luxembourg et entra dans la Pépinière.

Là il s'assit et se découvrit. En même temps, il prit une cuiller dans sa poche, et de son chapeau retira une boîte de fer-blanc qui avait dû contenir des sardines, mais qui contenait ce jour-là, sans doute, du riz au lait.

Il découvrit la boîte, la relogea dans son chapeau et se mit à manger tranquillement. Il racla enfin le fer-blanc, et remit son buffet sur sa tête.

Il se leva et partit.

Je ne l'aurais pas lâché pour un empire, et je me mis à marcher sur ses talons. Il entra dans un hôtel du quartier latin, rue des Mathurins-Saint-Jacques. J'avais eu des amis dans la maison. C'était le même propriétaire ; il me connaissait.

Je l'interrogeai à propos de mon homme ; il me répondit en deux mots :

Il s'appelait CHAQUE ; il était ANCIEN PALLICARE, actuellement ORIENTALISTE.

On ne voulut ou on ne put m'en dire davantage, et je restai rêveur en face de ces renseignements mystérieux : me demandant si c'était la coutume, dans le vieil Orient, de porter sa cuisine dans son chapeau : me demandant aussi ce que pouvait être la profession de Pallicare en retraite et d'orientaliste en garni.

Je n'eus ni trêve ni repos que je n'eusse soulevé ces voiles, et il me fut donné enfin de me retrouver avec le sphinx à la boîte.

Il avait, ce jour-là, son chapeau vide, mais ses poches horriblement pleines, et il en tira successivement, pour les déposer sur la banquette du café, une omelette dans du papier et du bœuf à la mode dans un bas de laine; puis il demanda la *Revue des Deux-Mondes.*

J'étais intrigué, je l'avoue.

Mon homme était emprisonné, quoique au large, dans une redingote lie de vin, accrochée sur le ventre et retenue par un seul bouton, mais qui devait être bien cousu, si l'on songe à tout ce qu'il avait à porter.

C'étaient, à droite, à gauche, des gibbosités mouvantes, affectant des formes d'écuelle et de saucissons. Une cravate de l'ancien régime tournait deux fois comme un tapis autour du cou et s'engouffrait dans le pantalon: un pantalon de drap noir avec une bande d'argent sur le côté.

Comme je regardais cette bande d'un œil effaré, il me vit par-dessous la *Revue*, et, tout en pinçant le tissu sur sa cuisse, me dit:

« C'est le pantalon du préfet de la Dordogne. »

Je me serais ruiné pour cet homme-là; je lui offris la consommation qu'il voudrait, à condition qu'il se déshabillerait moralement devant moi, et comme on me disait qu'il savait l'indostani, je me proposai pour élève.

Il dit que nous en reparlerions, et en même temps m'offrit ses services dans le cas où j'aurais des rasoirs à faire repasser.

Se moquait-il de moi? Est-ce qu'on se moquait

de lui ? Pourquoi ? Je n'en fus que plus impatient de le connaître.

Je sais de Chaque aujourd'hui tout ce qu'on peut en savoir. Il plane toujours sur ces existences hétéroclites un mystère qu'ils ne se chargent pas eux-mêmes de percer.

*
* *

Pour commencer par le commencement, d'où vient ce nom effacé de *Chaque* ? Ce n'était jusqu'ici qu'un adjectif assez vague et peu compromettant. Voilà qu'il passe à l'état de nom propre, porté par un Pallicare ayant une pâte pour les rasoirs.

Où est-il né ? Je n'ai pas pu l'apprendre, et nul ne débrouillera, je crois, les fils de ses origines.

On le signale pour la première fois en 182.... à Paris, rue Saint-Honoré, avec quarante sous dans son gilet. Il va trouver le duc de Choiseul, Gabriel de Choiseul, neveu du ministre de Louis XV, pair de France, ami de Lafayette, à cette époque gouverneur du Louvre.

Le duc de Choiseul apparaît souvent dans l'histoire du père Chaque. Où il l'avait connu, comment, pourquoi ? c'est ce que j'ignore, et l'ancien Pallicare ne s'en est pas ouvert davantage avec ses contemporains.

« Je lui ressemblais, » dit-il ; et ses confidences s'arrêtent là.

Toujours est-il qu'à vingt ans le jeune homme est mis en relations avec tout le grand monde politique d'alors. Il fréquente le baron Ternaux, Alexandre Lameth, Lanjuinais, Laffite, le fils de madame de Staël, Mathieu Dumas, MM. de Laborde, Delessert, de Saint-Léon, Piscatory; Piscatory qui a dit de lui avant moi : « Il n'y en a pas deux comme ça en France. »

« Mon éloquence entraînante et persuasive, ma figure où se trahissait une intelligence d'élite, tout cela plut. »

Les Grecs demandent des volontaires pour les commander. Chaque est investi d'une mission par le comité de Paris, composé des plus hautes illustrations du royaume, qui encouragent l'insurrection hellénique. On lui fait avoir son voyage, on laisse tomber vingt écus dans son sac. Le duc de Choiseul lui donne son uniforme d'ancien major général de la garde nationale. C'est sous ce costume chamarré d'or que Chaque débarque en Grèce sur l'agora de Napoli di Romani, où se tiennent, armés jusqu'aux dents, les soldats de l'indépendance. Canaris lui-même les commande.

Chaque s'avance dans son costume éclatant de major et est salué de hourrahs frénétiques.

A la bataille des Deux-Moulins, près d'Argos (c'est lui qui le dit), il commande une compagnie et est porté en triomphe le soir de la bataille. Le ministre de la guerre, Adam Duncas, lui serre la main et lui paie la goutte.

Il était à Zantha lorsque Byron, « ceint des lauriers du Parnasse, » aborda à Missolonghi.

Cependant l'uniforme de major s'était usé, et les vingt écus étaient mangés. Il n'avait pas de position fixe et devait vivre en aventurier. « J'allais à bord du vaisseau français partager le biscuit du matelot, ou je me perdais dans les coins fertiles de la vieille Hellas : tantôt au sommet des montagnes, tantôt dans le fond des vallées, me nourrissant de l'olive, fruit de Minerve, ou de l'oignon qui fait pleurer. »

A la fin pourtant, il part, revient ; son enthousiasme se réchauffait les soirs qu'il avait dîné mal, et il partait en Grèce. Il fit deux ou trois voyages, et, un beau jour, on les vit paraître, racontés dans une langue à la fois familière et solennelle, sous la forme d'un in-octavo imprimé chez Firmin-Didot.

Je l'ai feuilleté. Le père Chaque en a, sous son chevet, un exemplaire doré sur tranche et relié en chagrin.

Du reste, la *Revue des Deux-Mondes* elle-même ouvrit ses colonnes au volontaire de l'insurrection, et publia deux lettres de lui signées : « *Chaque*, soldat de l'indépendance. »

Son ouvrage est intitulé :

MES CAMPAGNES EN GRÈCE
par CHAQUE, ancien Pallicare.

Malheur aux philhellènes !

Pendant dix ans, tant qu'il resta un exemplaire de

l'édition, nul de ceux qui avaient eu des paroles d'encouragement pour la cause grecque ne fut sûr de se lever tranquille. Les joies calmes de son foyer, la paix de ses promenades étaient troublées par l'apparition du Pallicare. Au nom de la nation martyre, et parlant de montrer ses blessures, il offrait son livre, et c'était un petit écu, dix francs, un louis, qui tombaient de la bourse des philhellènes.

Toutes les illustrations y passèrent.

Le malheureux M. Villemain est l'objet d'une poursuite particulière. Sa mère a beau fermer les portes, veiller au grain : Chaque trouve toujours moyen de pénétrer, et brandit au-dessus de leur tête l'éternel exemplaire. Le spirituel secrétaire de l'Académie française doit avoir quelque part, sur un rayon de sa bibliothèque, deux ou trois exemplaires des *Campagnes en Grèce*.

Du reste, la fortune de M. Villemain et celle du père Chaque sont liées par des nœuds plus étroits.

Chaque était chargé par le *Messager du soir*, moyennant 50 francs par mois, de rendre compte en quelques lignes des cours alors si populaires de la Sorbonne. Il vivait ainsi dans le commerce des hommes considérables, plaçant toujours bien un exemplaire de ci, de là, et s'entretenant la main à rédiger des bouts d'article.

Un jour, paraît, entre un article de Capefigue et un autre de Malitourne, un compte rendu d'un cours de M. Villemain, où l'on cite les passages les plus fleuris et les plus éloquents de la leçon. C'est sur toute la ligne un concert d'éloges. Le bruit du triomphe arrive jusqu'aux oreilles du professeur, qui lit le compte rendu et pousse les hauts cris : « C'est bien, dit-il, mais ce n'est pas mon genre. »

On s'en explique, et il ressort de cette explication que c'est la prose de Chaque qu'on a prise pendant un jour pour la sienne. *Jamais*, avait écrit le Journal de Paris, *l'éminent professeur ne s'était élevé si haut !* (Mai 1827.)

Le colonel Fabvier, qui avait dirigé l'expédition en Grèce, ne devait pas être, on le pense bien, à l'abri du Pallicare. Mais il put d'un coup payer son tribut : dans un banquet de philhellènes, à Metz, il plaça cent cinquante *Campagnes en Grèce*, amenées le matin, d'autorité, chez lui.

Chaque s'y prenait, du reste, avec une bonhomie naïve, et y mettait une patience féroce : causant avec le suisse, allant ouvrir la portière, se jetant à la tête des chevaux comme s'ils allaient s'emporter.

Dans l'intérieur, aux bougies, sous la lampe, il parlait d'Homère et se comparait à Camoëns. Et on le voyait, en effet, à travers tous les orages, agiter ses *Campagnes*, comme le poète portugais, tenant au-dessus des flots les *Lusiades*.

Il va un jour chez Martial Daru, l'oncle du membre actuel du Jockey-Club. Le baron Daru était, on le sait, bonapartiste résistant, convaincu. Un tableau représentant l'Empereur couvrait un coin de son salon. Chaque regarde le portrait et fond en larmes :

« Voilà donc le grand homme qu'on a laissé mourir ! » Il s'affaisse sur une chaise ; on le relève avec vingt francs.

* * *

Cependant la Sorbonne et les philhellènes étaient las. On se consulte, et il est décidé qu'une place sera donnée à l'auteur des *Campagnes en Grèce*, loin de France, au delà des mers. C'est le seul moyen de s'en débarrasser.

On court chez les ministres.

M. Hyde de Neuville compatit aux tourments de ses illustres amis, et Chaque est nommé professeur au collège royal de Pondichéry. Je n'ai pas dit que ce Camoëns sans préjugés est un lettré, ferré sur les langues mortes, possédant à fond ses classiques, et qui ne se couche jamais sans lire une page d'Horace. Il a écrit sur sa porte le vers célèbre :

« Abstinuit venere et vino, sudavit et alsit.

Et cette maxime a été religieusement observée par lui. On ne lui a jamais connu une affection coupable, il est célibataire, et jamais, je crois, il n'aima ! Sous les palmiers de Pondichéry, il se voilait les yeux, quand passaient lascives, demi-nues, les filles de la chaude Asie.

L'Université ne se compromettait donc pas en lui confiant une chaire dans le collège transatlantique.

Ses opinions littéraires sont saines, et le poison du romantisme ne l'a pas encore envahi, — non qu'il soit injuste !

« Si lord Byron avait travaillé, dit-il — mais il avait tant d'ennuis ! — il se fût élevé à la hauteur de Jacques Delille ! »

Il accepta avec enthousiasme sa mission aux Indes.

« Toujours dévoré de la soif des voyages, avide d'apprendre et de connaître, je m'élançai heureux vers ces contrées que n'a pas encore consacrées l'histoire, mais qu'a illustrées la fable...

« Nous débarquâmes à la côte de Coromandel.

« Voulant montrer aux populations de ce littoral que c'était un ami qui venait dans leur sein, j'exécutai, en descendant sur le rivage, un menuet et une gavotte qui furent couverts des bravos sympathiques de tout un peuple.

« Les Indiens m'emportèrent en triomphe au palais du gouverneur, où je passai deux ans.

Que fit-il dans ce palais pendant deux ans ? Et le collège ? Comment s'écoula cette vie d'Asie commencée par une gavotte sur le rivage ? Qui le sait ?

Quand on lui demande pourquoi il revint :

« Je revins au bruit d'une révolution passant les mers, » dit-il. Et en même temps, il se reproche ce retour si précité.

« J'aurais dû rester là-bas, apprendre le persan et l'indostani ; et maintenant, chargé d'honneurs, professeur à la Bibliothèque impériale ou au Collège de France, je m'éteindrais dans la gloire et l'aisance. »

Il ne sait pas le persan, ni le mantchou, ni l'indostani, mais il aurait pu les savoir.

Voilà pourquoi on l'appelle l'orientaliste.

Chaque est de retour en France. Il reste dans l'Université. On l'envoie comme régent dans des collèges communaux, en dernier lieu à Mont de Marsan, chef-lieu du département des Landes, qu'il est obligé de quitter après une querelle avec le principal.

Il revint à Paris, avide de vengeance. Il demanda justice, on ne l'écouta point. Alors ce fut une poursuite acharnée, terrible. Pendant trois ans, il tint M. Delebecque, directeur du personnel à l'Instruction publique, dans de continuelles alarmes. Quatre-vingt-cinq jeudis de suite, il se présenta à la porte de son cabinet et pourchassa dans les corridors cet homme que dans une pièce de vers flétrissante il appelle :

. . . . le Néron des communaux collèges.

Il s'agit de M. Delebecque, le député actuel, administrateur du chemin de fer du Nord.

Ne pouvant plus rentrer dans l'Université, l'ex-régent, l'ancien Pallicare, le gavottier des îles, se fit professeur libre, libre de mourir de faim, s'il n'avait eu des goûts modestes, de la philosophie et du génie. Il eut tout cela, et je ne crois pas que beaucoup d'hommes en France aient plus industrieusement lutté dans l'ombre, contre la misère.

Il ne s'est jamais mis au lit sans avoir mangé, le Pallicare, et il a toujours eu un coin, caisse ou sépulcre, pour se coucher.

*
* *

Tout lui a payé tribut : les hospices et les casernes, les tripots, le collège, les religions, le cimetière !

Il a dîné cent fois à la table des internes, dans les différents hôpitaux de Paris. On l'a, comme tant d'autres, admis par complaisance dans des services où il prenait le temps de se refaire.

A la suite d'une maladie de ce genre, il fut admis comme convalescent à l'asile de Vincennes. Il y avait là une bibliothèque et un bibliothécaire ; ce bibliothécaire mourut. Chaque faillit le remplacer.

On le connaît dans les casernes. Il y va donner des leçons de grammaire ou de géographie, raconte l'histoire de l'Empire, sans oublier ses campagnes en Grèce. Il fait des copies de mémoires pour les officiers, aide le sergent-major dans ses comptes, et prête le 101ᵉ aux engagés. Aussi la meilleure soupe est-elle toujours pour lui ! Il a le dessus du *rata* et toujours un verre de *mêlé* à la cantine. A la porte, les pauvres mendient sa protection, et le sergent qui distribue donne à ceux que Chaque recommande une cuillerée de bouillon et un morceau de plus. Aux grandes fêtes, on l'invite, et on se l'arrache pour le 15 août.

La maison de jeu lui fournit, au matin, le biscuit des décavés fondant dans le madère ou émietté dans le malaga. C'est un bon point pour la journée. Tonifié dès l'aurore, il peut avec ce réconfortant attendre que le dîner arrive.

Les lycées l'ont nourri sept ans, de 1845 à 1852. Modeste, révoqué d'ailleurs, ne pouvant répandre les bienfaits de l'éducation dans les classes purement aristocratiques, il se contentait d'apprendre à lire et compter aux domestiques du lycée Henri IV.

Le concierge était un de ses élèves et le lampiste lui a fait honneur.

Presque tous les subalternes, du reste, venaient lui demander des leçons ou un service. On le chargeait d'écrire les lettres aux parents ou à la bonne amie. En échange, de tous les réfectoires lui arrivaient des rogatons, du pain, des fruits. On lui apportait des casseroles de riz, du mironton, qu'il vidait dans sa redingote et emportait avec le jus et le beurre chez lui. Non seulement il mangeait, mais il pouvait même inviter, recevoir ; on trouvait toujours un peu de sauce dans ses poches.

Les jours de sortie, il était *correspondant*.

Chaque rôdait au coin des rues qui avoisinent le lycée, et quand des *taupins* en goguette, qui avaient lâché leur correspondant pour aller Dieu sait où, revenaient sans pilote, sinon sans boussole, il s'approchait, et avec la bonté d'un père, les ramenait dans le droit chemin et les conduisait au parloir. Il faisait ce manège-là avec deux, trois, quatre, retournant son paletot, s'il le fallait, apparaissant en habit après être venu en manteau, imitant au besoin l'Anglais. Il avait des dimanches de quatre francs, quelquefois même de cent sous.

En semaine, il était le Mercure de la division des grands. C'est lui qui introduisait les saucissons dans la place et y glissait les journaux incendiaires. Les garçons qu'il enseignait se faisaient ses complices ; on a mangé beaucoup d'ail et bu à flots le poison des mauvaises doctrines sous son commissionnariat célèbre.

On le payait rarement en argent — des lycéens n'en ont guère ! — mais il héritait des vieux vêtements, tuniques, képis, gilets, culottes.

Je l'ai vu se promener en costume de collégien aux Tuileries, où les lycéens le regardaient avec terreur. C'était en 1859, et Chaque combattait en Grèce en 182....! Dans quelle classe était-il donc ? Il avait commencé bien tard !

Du reste, il a (et ils sont presque tous ainsi dans ce monde des déclassés), il a la manie de l'uniforme ; car, en 1848, on le vit longtemps flâner en costume d'élève de l'École polytechnique, sans l'épée et en pantoufles.

Un de ses fournisseurs habituels était un *cornichon* (on appelle ainsi l'élève qui se prépare à

Saint-Cyr), un cornichon nommé Romieu, le capitaine qui a été tué à Sébastopol, le fils même du préfet ; et voilà comment s'explique le fameux pantalon à bandes d'argent dont il est parlé au début de cette histoire. Un pantalon du père s'était mêlé aux culottes du fils.

Le marquis de l'Aubépine, qui a été sous-préfet de Montargis, est représenté, lui aussi, dans la garde-robe de l'orientaliste, où se trouvent par douzaines encore, des culottes du temps jadis, des habits d'*antan*; les jours de fête publique Chaque s'habille avec la défroque des *arrivés*. — Superstition qui cache une ambition sourde! Cet homme n'a pas dit adieu à la vie publique, il attend son heure. Vous verrez qu'un jour il se présentera à la députation dans les Landes.

*
* *

Quoique élevé dans la religion catholique, Chaque, se faisant un devoir de la tolérance, ne craint pas d'accepter ce que les autres sectes peuvent avoir de bon, et n'en repousse pas, de parti pris, toutes les pratiques.

On le voit à la synagogue, les jours de sabbat, prier, avec les juifs, et se détourner, quand il sort, devant les charcutiers. En sa qualité de Croyant, les fourneaux israélites, institution de bienfaisance, patronnée par les banquiers du judaïsme, lui trempent pour un sou une soupe énorme.

Il a sa bouchée de pain à la communion des protestants, et il communie, suivant sa faim, le même jour, dans tous les temples de Paris.

Il mord, avec la foi d'un fils, dans le pain bénit que la religion apostolique offre aux grand'messes, et les jours de cérémonie, les dames pieuses de Saint-Séverin, Saint-Sulpice, Saint-Thomas d'Aquin n'ont pas assez d'éloge pour sa piété, il n'est bruit que de son assiduité dans les sacristies.

Il n'est venu qu'un Mormon en France. Chaque a trouvé moyen de le connaître, et de dîner avec lui pour se faire expliquer la religion. Il le traîna jusqu'à minuit dans les cafés, sous prétexte qu'il n'était pas encore converti.

*
* *

Mais où il glane maintenant, c'est sur le chemin du cimetière.

Il a adopté de préférence Montparnasse où sont enterrés les gens des classes simples ; il se poste sur le chemin des enterrements.

Quand un convoi passe, l'ancien Pallicare, le mouchoir aux yeux, tête nue, se mêle, recueilli et grave, au groupe triste des assistants, et, remontant jusqu'aux héritiers, il parle de la personne qui n'est plus.

« Elle avait des vertus sérieuses, dit-il en retenant

mal un sanglot. Elle ne peut partir sans un adieu. »
Et il propose au parent, dont il serre avec effusion
la main, de faire dire un mot sur la tombe.

Il a l'oraison funèbre toute prête, très lisible, et
le cousin peut parler lui-même sur le bord de la
fosse. Chaque, si l'on veut, mouille le papier de
larmes; si l'on veut aussi, il prend la parole lui-
même, et je l'ai entendu, les cheveux au vent, qui,
sur le cercueil d'un liquoriste, disait :

« Adieu, Ernest! Adieu... ou plutôt au revoir dans
un monde meilleur! »

La cérémonie terminée, Chaque replie son oraison
funèbre, et suit la famille éplorée chez le marchand
de vins, où il suce une cuisse du lapin des morts et
dévore mélancoliquement le gruyère des trépassés.

Telle est la profession dernière de M. Chaque,
orientaliste, ex-régent, ancien Pallicare, qui s'est
inspiré en cela de ses souvenirs de la Grèce antique
et de son amour pour la Grèce moderne :

Il est *pleureuse* à Montparnasse[1].

---

1. Chaque a protesté contre cette qualification de *pleureuse*, et il nous menaça même d'un procès, jadis. J'ai pourtant laissé subsister l'anecdote, car elle n'entache pas son honneur. Faut-il répéter ici, à propos des autres histoires, que j'ai voulu simplement peindre un excentrique et non pas médire d'un brave homme ?

LES MORTS

LES MORTS

I

2 novembre.

C'est aujourd'hui que les trépassés donnent audience aux vivants ; aujourd'hui qu'on va leur porter des fleurs et les saluer au cimetière.

Moi, j'irai visiter les tombes sur lesquelles personne ne viendra pleurer ; j'irai saluer d'un dernier adieu ces inconnus enterrés pêle-mêle dans la fosse commune, que n'a point, à vrai dire, enlevés la mort, mais qu'a tués la vie.

A Dieu ne plaise que je vienne ici faire le procès de mon temps, accuser mon siècle de cruauté ! Les morts dont je parle n'ont point été assassinés, mais brisés, écrasés par la fatalité. Il y a dix ans, j'aurais poussé peut-être un cri de guerre, appelé aux armes ; entraînant, comme au soir des révolutions, le cadavre des victimes, à la lueur de mes colères. C'eût été une satire ou une Marseillaise, le *Dies iræ* et non le *Requiem*.

Aujourd'hui que je suis moins jeune, que j'ai vu mourir plus d'hommes et passer plus de choses, je ne me laisserai point égarer. Je ne jette point un glaive dans la balance pour faire pencher le plateau ; je viens seulement évoquer la charité de ceux qui ont, sans le vouloir, de bonne foi, sous le pavillon déchiré de la tradition, empoisonné la vie, précipité la mort de quelques braves gens : dont le seul crime était de vouloir vivre à leur guise, au courant de leurs illusions, et qui, les pieds dans le ruisseau, l'œil au ciel, immolèrent leur corps en l'honneur de leur âme. Je ne viens donc point faire de leur tombe une tribune et haranguer du fond d'un cimetière ; mais je me souviens, en voyant passer ces femmes en deuil, au bruit triste des cloches sur les églises, de tous ceux que depuis dix ans j'ai entendus tousser, soupirer, râler, et que j'ai vus mourir : pauvres diables, toujours humiliés, traqués, blessés, toujours meurtris, toujours saignants, qui n'ont connu de la vie que les nuits sans sommeil, les jours sans pain, les silences lourds, les bruits vulgaires. A peine a-t-on su leurs combats et cru à leur courage. Leurs commencements ont été obsurs, leur fin ignorée, sombre, terrible. Moins heureux que le forçat qu'on tue à grand spectacle devant le bagne assemblé, que le corsaire qu'on fusille sur le pont du navire et qu'on jette avec un boulet au pied dans l'abîme !

C'est le tort, tort généreux, de la plupart de ceux

qui ont écrit sur la misère, de s'être laissé égarer par leur douleur, d'avoir été les soldats de leur sentiment, et d'avoir amoindri en voulant l'élever, compromis en essayant de la glorifier, la cause triste de ces martyrs, tués bêtement, sans bruit, sans gloire, par le froid, la faim, la honte, au haut des mansardes, au fond des hospices, au coin des bornes.

Le monde n'a jamais vu dans les malheureux que des révoltés. La misère ne lui apparaît qu'à travers le brouillard pâle des philanthropies ou la fumée rouge des révolutions, l'écume aux lèvres, la poudre aux mains.

A côté de cette misère classique qui a une histoire, il y en a une autre — la vraie, l'affreuse, l'horrible — je veux parler de celle qui n'a point de drapeau, ne jette point de cris ni d'éclairs : de celle qui tue ses victimes à petit feu : de celle qui, tous les ans, couche dans la poussière et dans la boue un bataillon d'hommes : qui, après avoir éteint la flamme dans le cerveau, brisé le cœur dans la poitrine, dévore les poumons, boit le sang.

Oui, il y a, dans ces cimetières, des cadavres de gens qui ne sont point morts pour avoir abusé de la vie, par le caprice d'un fléau, le feu, le choléra, la guerre ; point morts de maladie ou de vieillesse, de douleur ou d'amour, mais morts de froid, morts de faim.

II

« La misère en habit noir, » dit Balzac. Mais elle a droit de cité dans le monde, celle-là ; elle est admise, tolérée, reconnue. Il y a dans les poches de cet habit noir un portefeuille de ministre.

Il y en a, hélas ! une autre qu'on ne connaît pas, qui n'a ni passeport ni portefeuille, qui ne peut plus mentir, qui bâille par toutes les coutures; dont on entend claquer les dents, crier le ventre ; qui n'a plus rien à mettre sur ses plaies ; dont les héros sans nom, affamés, grelottants, poitrinaires, portent des gilets trop courts, des redingotes d'invalides, des vestes de première communion, sur des épaules de trente ans ; qui remet à la mode les pantalons à la hussarde et use les derniers gibus ; si grande qu'on n'y croit pas ; affreuse à faire rire, grotesque à faire pleurer ; qu'on chasse des garnis, qu'on met à la porte des maisons honnêtes ; qui rôde, l'œil hagard, les jambes tremblantes, autour des restaurants borgnes et des maisons aux allées noires.

A peine on en compte un cependant, qui, dans cette vie de privations et de souffrances, se soit écarté du devoir, ait violé la loi ! Ils ont laissé par les chemins des lambeaux de leur fierté, mais ils ont encore le droit de porter le front haut : l'honneur ne s'est point échappé par le trou des blessures.

Et c'est ainsi qu'elles s'écoulent, les vertes années, dans le doute, l'amertume et le désespoir ! Ainsi se passe la jeunesse, et l'on a déjà les cheveux gris, l'estomac ruiné, le cœur fané, qu'à peine on a trente ans ! Elle vient tout tuer, cette misère, l'amour comme l'ambition. Ni fleurs, ni parfums, ni maîtresse ! On n'ose laisser retomber sur de frêles épaules la croix lourde de ses souffrances ! Pas un sourire, une parole tendre, un serrement de main, une larme, un baiser ! Ah ! plaignons-les, ces jeunes hommes étendus là dans le cimetière, qu'une femme n'a jamais consolés avec sa grâce, aimés avec son cœur, qui, au matin d'un duel, au bout d'un jour sans pain, n'ont point senti dans leur main fiévreuse tomber la main émue d'une maîtresse, qui, à leur lit de mort, au moment de sombrer, quand ils ont senti qu'ils en avaient fini avec la vie, n'ont eu personne à leur côté pour apaiser leur regret aux portes du néant.

Au lieu d'applaudir à leur héroïsme, de les consoler dans leur sombre tristesse, nous ne savons que les repousser avec pitié, les insulter avec colère. Nous leur en voulons de ce qu'ils ne faiblissent pas dans la lutte, de ce qu'ils n'amènent pas leur pavillon ; sans nous dire que si, au premier souffle de l'orage, les combattants quittaient leur bord, si les soldats désertaient au matin, épouvantés et lâches, le génie gagnerait rarement des batailles.

Puis il en coûte tant de sacrifier le rêve à la réalité, d'étouffer les cris de son âme !

Aussi dussent-ils mourir inconnus, sans laisser au monde de testament, je leur sais gré de leur opiniâtreté courageuse, de leur glorieux entêtement.

III

Le monde croit peu à ces existences lamentables, à ces fins sinistres ! Fatigué par les déclamateurs qui ont voulu faire de tout petit poète mort à l'hospice un grand homme, de toute victime un héros, il crie : qui vive ? chaque fois qu'un de ces pauvres passe ! Suspecte toutes leurs douleurs ! Cette défiance a cours ; mais moi qui ai passé quelques heures dans le camp, je sais ce qu'on perd d'hommes tous les jours dans ce 101e régiment. Cette nuit, tandis que j'écrivais cet adieu au coin de mon feu mourant, tandis que, dans les chambres des mères, on parlait de ceux à qui l'on irait au matin souhaiter le nouvel an et porter des immortelles ; à travers les rues, par le froid triste, sous le ciel gris, rôdaient peut-être une centaine de malheureux, portant un diplôme de bachelier dans les poches de leurs habits troués.

« C'est leur faute » crie notre égoïsme gêné par ce spectacle et ces images ! Qui nous l'a dit ? Savons-nous ce que fut leur enfance, comment s'est passée leur jeunesse, à quelle heure ils firent naufrage, comment ils se sont perdus corps et âme dans cette tempête sans éclairs! Et pour cela faut-il qu'ils meurent? Nous n'affamons pas les prisonniers, nous ne tuons pas les fous!

Qu'il devienne fou ou qu'il tue, il aura un lit et du pain. D'ici là, il se traînera malade, enlaidi, épuisé, humilié! Mettez un homme dans la rue, avec un habit trop large sur le dos, un pantalon trop court, sans faux-col, sans bas, sans un sou, eût-il le génie de Machiavel, de Talleyrand, il sombrera dans le ruisseau.

Comme on meurt vite à ce métier, et comme l'esprit se gâte dans cette atmosphère malsaine! L'aile dans la poussière, touchée au cœur, comme un oiseau blessé, la pensée s'irrite, se désespère. Elle se meurtrit en se débattant, ne s'échappe qu'en laissant un peu d'elle-même, comme le loup dans le piège, qui se coupe la patte entre les dents. Tout s'en ressent : langage, caractère, talent!

Il y a ensuite un danger! La misère sans drapeau conduit à celle qui en a un, et, des réfractaires épars, fait une armée, armée qui compte dans ses rangs moins de fils du peuple que d'enfants de la bourgeoisie. Les voyez-vous forcer sur nous, pâles, muets, amaigris, battant la charge avec les os de leurs martyrs sur le tambour des révoltés, et agitant, comme un étendard au bout d'un glaive, la chemise teinte de sang du dernier de leurs suicidés!

Dieu sait où les conduirait leur folie! Nous avons vu ce que valaient ces religions de l'émeute, ces théories du combat ! La liberté n'y gagne rien, la misère y perd, seulement le ruisseau est rouge.

Il en faut pourtant de ces hommes qui oublient qu'ils ont un corps à défendre pour s'égarer fiévreux dans le domaine de la pensée. Il faut qu'il en tombe ainsi des centaines avant qu'une idée triomphe ; il faut qu'elle mûrisse dans bien des têtes, qu'elle ait tourmenté bien des âmes. Ne maudissons pas ceux qui s'offrent en holocauste, ne rions point sur le passage des victimes, et laissons au moins s'accomplir pieusement l'hécatombe !

Leur aumône vaut bien la nôtre. Un seul nous paye les dettes de tous ! Un jour, du milieu de cette foule en guenilles, jaillit un rayon. Du fond de l'un de ces esprits malades, du fond d'un de ces cœurs blessés, s'échappe une note qui va au cœur de l'humanité, portée sur les pages frémissantes d'un livre, sur l'aile d'un chant sublime, fixée sur la toile, arrêtée dans le marbre ! Il tient un monde dans la tête d'une statue et tout le ciel dans le coin d'un tableau.

« Des fous ! » crient quelques-uns. Mais la folie d'hier est la sagesse de demain, l'impiété de la veille la religion d'aujourd'hui, l'athée d'une génération le dieu d'une autre. Hypocrites que nous sommes, nous blâmons leur audace, nous condamnons leur témérité : tout heureux au fond de nous-mêmes, d'assister à leurs jeux sanglants, joyeux du pittoresque de la lutte, irrités seulement parce qu'ils ne crient pas : *Ave, Cæsar !*

IV

Et ce ne sont pas seulement les inconnus, qui se débattent, sanglotent et meurent dans les angoisses de la pauvreté !

Tenez, par là-bas, un homme est enterré, que nous connaissons tous, qui mérita pendant sa vie d'être beaucoup insulté, calomnié[1]. Quoique bien plus jeune que lui, je fus presque son ami. Si je n'ai point assisté à ses derniers moments, si je ne l'ai point vu à son dernier jour, je l'ai suivi pendant ses dernières années, où il descendit pas à pas l'escalier sombre, le chemin obscur qui devait le conduire à l'hôpital.

Ce que la misère lui imposa de sacrifices, lui ôta de courage, lui a peut-être enlevé de talent, nul ne le sait, que ceux qui ont côtoyé sa vie et pu surprendre le secret de son amertume ! Combien croit-on, pour parler comme le monde, qu'il gagnait bon an mal an, le grand critique, l'homme dont un article valait un livre, dont le nom couvrait comme d'un pavillon la *Revue* célèbre où il imprimait ses jugements sévères sur ses contemporains ? — Ce que gagne un calligraphe à copier des rôles : douze francs la page; à la fin de sa vie, deux cents francs la feuille : voilà

---

[1]. Voir le chapitre suivant.

comment on payait son talent. Ce qu'il souffrait en écrivant, il faut, pour le comprendre, avoir assisté à l'enfantement de quelques-uns de ces articles, où sa pensée planait sur les hommes et les choses de notre temps. On l'a dit méchant, cruel, amer. Méchant, il ne l'était point; cruel, il ne voulait pas l'être; amer, c'est vrai. Et voilà où la tristesse me revient! Sans le savoir, sans qu'il fût complice, malgré lui, il était atteint, envahi. La misère le faisait chagrin et son génie s'en ressentait. Le poison montait du cœur à la tête et gâtait l'encre comme le sang!

Quelques minutes avant sa mort, on lui apporta sur son lit une grappe de raisin toute fraîche et toute dorée. Elle avait dû coûter bien cher; on était, je crois, au mois de juin. Celui qui la lui adressait était un vieil ami qu'il connut aux jours de détresse! Peut-être il ne dîna pas de deux jours, le pauvre homme, pour envoyer cette grappe cueillie avant la saison à son camarade qui mourait avant l'heure.

Il n'est pas le seul. A côté de lui, qui eut la réputation, presque la gloire — qui eut au moins des ennemis — combien d'autres, demi-célèbres même, sont partis avant l'heure, étranglés par le monstre!

V

Voilà pourtant où ils en arrivent! L'hospice Dubois au plus! C'est là qu'ils meurent, après avoir éclairé, distrait ou attendri une génération. Encore une fois, je ne fais retomber sur personne la responsabilité de leur malheur ; mais la défiance plane sur nos têtes. Messieurs, il y a entre nous un malentendu ! Dans tout homme qui tient une plume, une palette, un ciseau, un crayon, n'importe, le bourgeois voit un inutile ; dans chaque bourgeois, l'homme de lettres un ennemi. Préjugé triste, opinion bête, antagonisme malheureux ! Notre cause est la même, la cause vaillante des parvenus ! Je trouve le jour et le lieu bien choisis pour sceller l'alliance entre la jeune littérature et la vieille bourgeoisie. Vous avez là vos morts, nous avons les nôtres. Mêlons nos immortelles sur leurs tombes.

Allons à toutes, même à celles de nos ennemis ! Saluons-les tous, ceux qui sont tombés martyrs de l'idée, victimes de leur cœur, soldats d'un drapeau, les fils de Bretons qui se firent écraser à Castelfidardo et les aventuriers courageux qui se ruaient sur les royaux à Calatafimi. J'admire et j'aime tout ce qui est grand dans le monde, j'ai des regrets pour tous ceux qui ont écrit leur nom avec leur sang, qui sont tombés dans la mêlée en défendant ce qu'ils croyaient être la justice, ce qu'ils appelaient le devoir : de Lourmel, de Flotte ou Pimodan !

Je m'arrête : tout triste après avoir remué ces cendres, tout inquiet quand je songe que je serai lu par des mourants. Mais une parole de plus ne les effrayera pas : ils ne seront pas plus pâles !

Nous y viendrons tous au cimetière. Faisons le

chemin avec courage! Ne poussons pas de plaintes, dévorons nos larmes. *Beaumanoir, bois ton sang!*

Et maintenant, si j'ai laissé échapper des paroles trop vives, qui aient la couleur du reproche ou l'accent de l'amertume, c'est de mon cœur que le cri est sorti. Il s'est gonflé au souvenir des douleurs que j'ai connues, des agonies dont je fus le témoin. Je n'ai voulu que déposer une couronne au seuil de la fosse commune. Je ne viens point secouer un drapeau, mais demander à votre justice, tête nue, un mot d'adieu aux morts, un salut aux blessés.

UN

RÉFRACTAIRE ILLUSTRE

UN
RÉFRACTAIRE ILLUSTRE

J'écrivais, en 1857, les pages suivantes auxquelles je me fais un devoir de ne rien changer, et qui résument l'impression que j'éprouvai, quand j'appris que l'un de mes maîtres, qui avait été pour moi un ami, venait de tomber avant l'heure, usé par la misère et vaincu par elle comme le plus obscur d'entre nous.

M. Gustave Planche vient de mourir. « Nous nous en allons tous, » me disait-il, en voyant passer le convoi d'un de ses contemporains, et dans son grand œil triste je lisais comme un pressentiment d'une fin prochaine. Je craignais même que les circonstances ne fussent plus malheureuses, et qu'il rendît le dernier soupir, seul, dans le coin d'une mansarde, sur un grabat, sans un ami pour lui serrer la main avant qu'elle fût glacée par la mort. Cet homme fut toujours malheureux. J'en excepte les années qu'il passa en Italie, « les seuls moments joyeux de ma vie, » disait-il souvent ; et il nous racontait sur ce pays quelque anecdote, bien simple, à peine gaie, en riant à gorge déployée, persuadé que son récit était des plus heureux et des plus drôles.

J'ai entendu certaines gens faire un reproche à Gustave Planche de la façon imprévoyante dont il avait usé de sa fortune.

Comment ! Il part un beau matin pour l'Italie ; il n'y a là ni plaisirs ni joie, mais seulement les musées, Saint-Pierre, le Vatican, Raphaël et Michel-Ange ; il va partout, de Rome à Florence, de Florence à Naples, dépense son patrimoine à courir les églises et les galeries, se pénètre du sentiment des grandes choses, boit à ces sources pures un peu d'espoir et de gaieté ; il veut arracher aux maîtres le secret de leur génie, il sait qu'il a, pour le faire, autorité : il sera digne du public, il saura tout entiers les sujets qu'attaquera sa plume. C'est au nom de l'art, pour la France, pour nous, qu'il a dépensé sa fortune et compromis le repos de sa vie. Qui oserait donc le blâmer et lui faire un crime de sa généreuse imprévoyance ?

On a ajouté bien autre chose. On lui a fait une réputation de négligence et — comment dire ? de sordidité, qui le suivit partout, en le faisant toujours beaucoup souffrir. Jamais il ne pardonna à M. Janin les plaisanteries d'un goût douteux qu'il s'était permises à son égard dans l'*Illustration* ou dans les *Débats*.

« Qu'il parle de mon talent, s'écriait-il avec

colère et peut-être avec raison ; mais dire que je porte des cravates à la Colin et que mon chapeau ne vaut pas deux sous ! Est-ce digne, voyons ? »

Et il plaçait là le *quoi* éternel qu'il mettait au bout de chaque phrase.

Je vis le moment, un jour, où il envoyait chez le feuilletonniste imprudent, d'abord un cartel écrit, puis deux témoins, pour régler, suivant son langage, pour régler l'affaire d'une façon militaire. « Des excuses, ou à vingt pas, » c'était son mot. « Mais il ne répondra pas à ces provocations, ajoutait-il, et je passerai pour un fanfaron. » Puis il prenait une voiture et allait chez Taxile Delord ou Edmond Texier demander conseil. C'étaient, dans Paris, les deux seuls hommes sur lesquels il comptât, et dont il se crût un peu aimé. Dans chaque affaire de ce genre, il parlait d'eux ; MM. Jules Sandeau et Mérimée lui étaient chers à d'autres titres. Le sénateur est, je crois, le seul homme auquel il ait jamais demandé un service.

Gustave Planche aimait la compagnie des jeunes gens ; nous ne parlions guère littérature, et nous lui prêtions volontiers nos épaules pour s'y appuyer jusqu'à sa porte. Là, il nous serrait la main, disait toujours le même mot, « je vais remonter dans ma tour, » faisait toujours le même geste, se collait la figure contre la porte, et attendait comme un pauvre que son concierge eût voulu lui ouvrir. Il fallait l'entendre, le lendemain, raconter ses misères, dire combien de fois il avait sonné, et nous prier de lui débiter encore quelques-unes des farces faites à Pipelet, pour le consoler ; c'était toute sa vengeance. Il riait et n'en parlait plus.

Quelquefois il priait l'un de nous de monter dans cette tour, et l'on gravissait avec lui les cent cinquante ou deux cents marches. Il se déshabillait lentement, mettait son bonnet de coton, allumait un cigare, et l'on causait ainsi longtemps. Jamais il n'était question de littérature ; c'était l'histoire de sa jeunesse, des anecdotes sur les hommes de son époque, et j'en ai retenu plusieurs. En voici une, c'est un grand poète qui en est le héros. Elle nous a tous tellement étonnés que je désire la raconter pour ne plus l'avoir sur le cœur. Un jour chez Renduel, l'éditeur, on causait de Gustave Planche. « Est-il allé chez vous ces jours-ci ? dit le libraire. — Ne m'en parlez pas, fit le poète, il n'y vient plus depuis qu'il m'a emprunté de l'argent. — Combien vous doit-il, fit Renduel étonné, je vais vous payer. » Le poète de balbutier et de rougir, il avait gratuitement menti ; Renduel raconta l'histoire à Planche qui nous l'a répétée souvent.

Mais j'en reviens à cette accusation attachée depuis si longtemps à son nom, d'une négligence trop grande de lui-même. On l'a fait plus noir qu'il était. Ce brave homme se lavait les doigts au moins une fois par jour et usait même beaucoup de savon ; sa main était toujours blanche, il l'avait assez belle et mettait une sorte de coquetterie à la soigner. Si sa barbe n'était pas toujours faite, c'est qu'elle poussait vite, et que souvent, hélas! il n'avait pas les cinq sous de rigueur pour se faire raser. Ce n'était point chez lui, comme on l'a dit, incurie et négligence, mais pauvreté, misère. Bien des gens se figurent qu'avec son nom, sa réputation, son talent, Gustave Planche gagnait dignement sa vie et se faisait avec sa plume d'excellents revenus. Il n'a jamais gagné plus de quatre mille francs, le malheureux, et encore n'est-il arrivé à ce chiffre que l'année de l'Exposition universelle! Déduisez ses frais de voiture, fort considérables pour lui, puisqu'il ne pouvait marcher. Il n'a jamais, les autres années, gagné trois mille francs. Je me rappellerai toujours avec quelle joie d'enfant il m'annonça, un soir (le jour de la première représentation d'une pièce de M. Augier du Gymnase) que la feuille lui était payée deux cent quarante francs, et non plus deux cents. Nous n'en avons jamais reparlé : je ne sais s'il fut augmenté depuis ce temps-là ; mais qu'on rapproche ce chiffre de ses articles, qu'on fasse le calcul, et l'on verra s'il avait vraiment de quoi vivre. Et encore lui arrivait-il quelquefois de terribles désagréments! Le caissier de M. Buloz le payait sur copie. Une page des siennes valait une page de la *Revue ;* il en portait ou trois, ou quatre, ou cinq, quelquefois six, échangeait contre des écus, et il allait bien vite chez un créancier. Une fois il écrit petit à petit, au fur et à mesure de ses besoins, un long article intitulé *Mœurs et devoirs de la critique*. Il en a touché le montant, il attend la publication, quand M. Buloz l'appelle.

L'article ne passera pas, il est trop violent. Plein de rage et de tristesse, Planche recommence, touche encore l'argent. Nouveaux obstacles! C'est un troisième article que l'on imprime, celui-là même qui provoqua les lettres de MM. Janin et Cuvillier-Fleury.

Le pauvre homme était dans une inquiétude mortelle; il se trouvait redevable des articles payés et non admis. Il n'en dormait pas. Ses craintes étaient sans doute chimériques, et M. Buloz ne lui aurait jamais rien réclamé; mais ces affaires d'argent le tourmentaient beaucoup. Il avait fait un rêve. Il espérait vendre ses *Œuvres complètes*, il comptait encore à ce propos sur le bon vouloir de M. Edmond Texier; il se disait que peut-être il arriverait au chiffre nécessaire pour acquitter certaines dettes et aller passer six mois à la campagne. « Buloz m'a promis de me payer double un roman, c'est-à-dire quatre cent quatre-vingts francs la feuille. Je mettrai là tout ce que j'ai. Ils veulent que je fasse un livre, mais qu'ils m'habillent, qu'ils me logent, qu'ils me nourrissent, et nous verrons. » Ce roman ne fut jamais commencé, et jamais il ne put passer huit jours à la campagne, au bord d'une rivière, au milieu des roses. Il aimait du reste modérément les plaisirs champêtres; je voulais un jour l'emmener à Frènes. « Allons cueillir des pâquerettes! — Des pâquerettes! Des pâquerettes! Est-ce que je puis me mettre à l'ombre d'une pâquerette. » — Il est de fait que ce colosse eût été peu à l'abri sous la fleur innocente, et j'aurais mieux fait de lui proposer autre chose.

Il était donc pauvre, mais pauvre comme Job. Au lieu de l'enrichir, son nom lui devenait coûteux. Il se plaignait souvent de l'inconvénient qu'il y avait à être connu. Sans cela, il eût pu dîner dans une table d'hôte à tant par mois, — économie certaine : on y mange à meilleur marché qu'au café ! Mais la *notoriété!* tel était le mot qu'il avait trouvé. Ce n'était pas la réputation, la gloire ; mais la notoriété, cette méchante notoriété qui l'empêchait de manger tranquille ! On se le montrait, on le jugeait tout haut, on pouvait même l'insulter ; c'était insupportable ! Il ne pouvait pas même vivre comme un étudiant. Il logeait pourtant en garni, dans une chambre que les grisettes du quartier latin auraient trouvée bien vilaine et bien triste. Longtemps il habita, rue des Cordiers, 14, le fameux hôtel *Jean-Jacques*, où Balzac fait descendre Lucien de Rubempré, et où M. Sandeau et madame Sand ont demeuré.

Il payait vingt-cinq francs sa mansarde. C'était là qu'il était encore quand il fit les articles sur Cousin et sur Lamartine. Triste existence qu'il menait alors ! Le matin, par des temps pluvieux, glacés, il se levait pour échapper aux visites de quelques créanciers importuns. Il avait peur d'eux comme un enfant d'un maître. Il partait, appuyé sur sa canne, pour le Luxembourg, et là, triste, mourant de froid, il s'asseyait sur un banc ; les gardiens le regardaient avec pitié, peut-être avec défiance, et le sommeil venait le saisir, un sommeil fatigant, difficile, pénible. A huit heures, il prenait le chemin de la rue de Fleurus, frappait chez un peintre nommé Lehenaff; on jetait du bois dans la cheminée et le pauvre Planche se réchauffait.

Son frère, un digne et excellent homme, était plein pour lui d'égards et de bontés. C'est lui qui avait meublé la tour et qui se trouvait toujours là pour soutenir les douleurs du malheureux écrivain. Mais Gustave Planche hésitait à frapper à la porte de sa famille, et après comme avant son départ de la rue des Cordiers, il se trouva souvent en peine pour reposer sa tête et passer la nuit. La crainte des créanciers le poursuivait sans cesse. Un jour il se rend aux *Français*, sans argent pour le moment, sans un logement pour la nuit. Il avait peur des visites à son domicile. Il s'assied à l'orchestre, à côté d'un ami, d'un de ces vieux amis à qui l'on est presque heureux d'emprunter parce qu'ils sont heureux de prêter. Voilà notre grand critique bien riche; il a un louis dans sa poche. Il est fort tard; il s'agit de trouver un gîte. A cette époque le Palais-Royal était entouré de masures; des rues étroites, sombres et tristes venaient aboutir à la place. A peine des lanternes sales pour éclairer les coins. — Il sonne à quelques portes. Plus une chambre, plus un lit. Enfin il frappe de sa grosse canne dans les volets d'une maison borgne. On lui donne un lit — ce sera trois francs. Il paye et reste un mois à trois francs la nuit. Jamais il n'avait trente francs pour payer d'un coup. Il passait pour un voyageur. Personne au moins ne le savait là, on ne s'aventurait pas dans ces rues dangereuses, on n'avait pas même inscrit son nom sur le livre d'hôtel.

Une nuit, il dormait de son bon sommeil, quand il entend frapper à sa porte. Le brave homme se met en colère.

« Au nom de la loi, ouvrez ! » dit une voix. Il se lève plus mort que vif. « Qui êtes-vous ? dit le commissaire en montrant son écharpe, votre nom n'est pas sur le livre ? » Voyez-vous d'ici l'écrivain entouré d'agents de police, questionné, surveillé, forcé de dire son nom, d'avouer sa misère, et encore ne le croit-on pas sur-le-champ ! Peut-être pense-t-on qu'il est là pour ses vices ! Enfin, on le laisse ; il s'habille, reprend sa redingote, sa plume, ses papiers, et le voilà courant la nuit, comme un forçat qui fuit du bagne.

Dans un autre hôtel, il était si craintif qu'à la fin du mois, quand tombait la quinzaine, après avoir bu son café dans les tasses que portait le marchand de vin du coin, il les rinçait lui-même, de peur que cette besogne n'ennuyât le garçon, et que la mère Honoré, la propriétaire, mécontente, ne songeât à demander de l'argent. Puis il s'étendait tout souffrant sur son lit, et se faisait lire le volume dont il devait rendre compte.

Le grand critique ne parlait jamais politique. Il se piquait pourtant d'audace ; il n'était jamais si content que quand on lui disait : « Savez-vous, monsieur Planche, que tel passage de votre dernier article est bien hardi ? » Il souriait de ce sourire jeune, ou plutôt enfantin, qui éclairait parfois sa bouche petite et fine.

Dans son article sur Brizeux, il avait parlé de César — des phrases innocentes comme l'enfant qui vient de naître ! « Eh, eh ! faisait-il en se frottant les mains et lançant son coup d'œil dans l'espace, on pourrait se fâcher *là-haut!* »

Plusieurs fois, m'a-t-on dit, on lui offrit des emplois dignes de lui, avec de véritables appointements. Il était sauvé. On payait les dettes, on allait à la campagne, on faisait le roman. Mais restait-il indépendant ? Pourrait-il parler à sa guise, de certains hommes, *dire son sentiment?* — Encore un mot dont il usait souvent. « Pourrai-je dire mon sentiment ? » Il réfléchissait deux minutes, et poussait un soupir. Pour se consoler, il causait médecine avec un de nos bons amis, l'étudiant Collineau ; c'était sa grande prétention ! Il avait commencé, comme on sait, des études médicales, et son bonheur était de parler sciences naturelles, anatomie, pathologie, et le reste. Entre nous, je crois qu'il n'y connaissait rien. Du reste, il était moins instruit qu'on a pu le croire. Quoiqu'il s'amusât encore à nous poser de petites questions embarrassantes, à nous demander des détails sur Jason à propos de M. Legouvé et de sa tragédie, il avait oublié le grec, et ne se souvenait guère du latin. C'était déjà beaucoup de savoir le français. Il eût bien tenu sa place à l'Académie. Et comme il y songeait! C'était sans doute pour la gloire; c'était aussi pour les jetons! « *Quinze cents* de jetons! On me mettra au dictionnaire, un billet de mille! » Voilà presque une rente. « Mais, reprenait-il, je n'aurai qu'une voix, une ou deux, » et il disait lesquelles. Comment Cousin, Villemain, Lamartine, et tant d'autres voteront-ils pour moi, depuis que j'ai dit sur eux *mon sentiment?* » Il avait sans doute raison, et nous n'insistions pas.

L'hiver, il avait des jours heureux. Le vendredi, il se trouvait avec des amis à table ; chacun payait son écot. Un convive apportait dans ses poches un homard ou bien un pâté. MM. Gérôme et Barye, étaient, je crois, deux des convives.

Ces jours-là, il revenait plus gai dans le petit café où il avait planté sa tente. On lui a reproché ces habitudes: après ce que j'ai dit, on les comprendra mieux. Logement triste et froid dans lequel il n'osait demeurer seul en face de son ennui et de ses grands chagrins! Cette malheureuse *notoriété*, qui l'empêchait de fréquenter les tables d'hôte! Il allait au café. Tout le monde a la droit d'y aller, et tout le monde y va. Mais si parfois il essayait de consoler ses peines, s'il puisait dans sa soucoupe un peu d'oubli, qui donc aurait le courage de lui en vouloir?

Il était aimé de tous ceux qui l'ont vu de près. Les louis qu'il tirait à grand'peine du fond de son encrier, il les mettait avec bonheur dans la main de ses vieux et de ses jeunes amis. Il n'usait pour personne de ses relations et de son influence, il n'en usait pas pour lui-même.

Il aimait à raconter le duel qu'il avait eu jadis. C'était je ne sais pourquoi : peut-être s'agissait-il de madame Sand. Son adversaire était M. Capo de Feuillide ; les témoins étaient, si je me souviens bien, M. Buloz et un docteur de ses amis, qui s'est fixé dans ces derniers temps aux environs de Paris. On se battait au pistolet. Je n'ai jamais eu l'honneur de voir M. Capo de Feuillide, je ne sais s'il était gros et grand ; mais je sais bien que Planche était visible à l'œil nu et offrait une circonférence respectable, de celle que les balles ne respectent pas. Là pourtant n'était point pour le grand critique le vrai danger.

Un paysan rôdait sur les limites du terrain choisi par les témoins et accepté par les adversaires ; à côté, une vache à la robe rousse paissait tranquillement. Gustave Planche aperçoit les deux importuns, son cœur s'émeut, il réfléchit, et appelant le villageois :

« Mon brave, lui dit-il, combien vaut votre vache ?

— Est-ce que vous voudriez l'acheter ?

— Je ne suis pas assez riche pour me procurer cette fantaisie. Mais voulez-vous suivre mon conseil ?

— Lequel ?

— Il va se passer des choses délicates. Votre vache pourrait bien être tuée, et ce serait dommage. »

En même temps il flattait la bête, tandis que les témoins marquaient les pas.

« Emmenez-la, c'est plus sûr. »

Et le bonhomme tout bêtement d'emmener la vache assez loin pour qu'on ne la vît plus.

« Voilà déjà une précaution prise, n'oublions pas l'autre, dit Gustave Planche. Otons ma montre ; si je suis touché, les éclats du verre pourraient bien me blesser. » Il avait une montre en ce temps-là, et de la prudence, comme vous voyez. Dieu merci, personne ne fut touché, ni M. de Feuillide, ni la vache, ni les témoins. L'un d'eux du reste avait eu soin, dit-on, de chercher un abri. On ne se met pas à l'ombre des pâquerettes, quand on a cinq pieds six pouces, mais un homme de taille moyenne peut se cacher dans le creux d'un arbre. C'est là qu'un des témoins attendait l'issue du combat. Les deux adversaires étaient de grands journalistes, mais surtout de grands maladroits, et l'on a bien raison de se mettre à couvert quand on court de pareils risques.

Est-ce à cette époque, est-ce plus tôt, est-ce plus tard qu'il fut nommé, par M. de Salvandy, professeur de littérature étrangère à Bordeaux? Je ne sais, mais il riait bien fort, le grand critique, en racontant sa visite au ministre. Il va le remercier. « Je suis prêt à accepter, mais à peine ai-je quelques notions de langues étrangères. Ainsi, je ne connais pas un mot d'espagnol.

— Commencez par là, » fit le ministre.

Planche sans doute exagérait et s'amusait innocemment aux dépens de M. de Salvandy. Pourtant il donnait l'histoire comme vraie, et il riait de si bon cœur en la disant !

Il était moins gai les jours où il s'agissait d'aller vendre à M. Lévy un ou deux volumes composés avec ses articles de la *Revue des Deux-Mondes*. C'était d'abord des serments formidables ; « il ne lâcherait ses livres que moyennant telle somme ; personne ne l'en ferait démordre ; on le saignait, on abusait de lui, on lui faisait même acheter des numéros de la *Revue* qu'il avait perdus, et sur l'argent qu'on lui donnait, il avait encore deux louis à déduire pour cette dépense imprévue. C'était insupportable, il fallait en finir ! » Nous le voyions donc partir bien décidé, fort en colère, trouvant presque des forces pour marcher droit. Il revenait une heure après, joyeux, frappant sur son gousset. Nous nous frottions les mains, il avait vaincu. Hélas ! on lui avait fait les mêmes conditions, mais en lui montrant un peu d'or. Et il avait pris cent francs. « Avec cela, disait-il, je payerai telle dette. — Et vos serments ? — Que voulez-vous ! » soupirait-il, et il faisait ses petits comptes.

Cette scène peu intéressante mais significative a dû se renouveler souvent. Mais nous l'avons vu se passer dans l'hiver de 1854 à 1855. Le même soir, je le priai de venir dîner avec moi. Un homme de six pieds qui mangeait à ses côtés voulut à toute force l'embrasser. Il le prenait pour un trompette qu'il avait beaucoup connu au régiment.

Faut-il parler d'une de ses manies? Il était modeste à l'excès, ne parlait jamais de lui-même, permettait fort bien qu'on discutât son mérite. Mais il achetait pour écrire ses grands articles du papier à mille francs la rame. Je grossis un peu le chiffre ; toujours est-il qu'il n'était content qu'après avoir acheté au poids de l'or, une demi-main de papier superbe. « Vous voyez ce grain, faisait-il en caressant la feuille blanche du bout des doigts ; est-ce beau? c'est du vrai ; trouvez-m'en de pareil ! » Il payait quelquefois ses plumes un prix fou. Sa plume d'or, l'a-t-il regrettée souvent, le malheureux! Il l'avait perdue, laissée je ne sais où. Et son encre de Chine ! Il prétendait être le seul dans tout Paris et même en France qui eût un vrai bâton.

C'était plaisir que d'attaquer une idée avec des armes si luisantes et si coûteuses! Ne trouvez-vous pas, dites-moi, dans ces enfantillages, dans ces amours puérils, le signe d'une intelligence honnête et d'un vertueux caractère ? Ces petites choses ont un sens qu'on aime à deviner. Il voulait que l'instrument fût digne du sacrifice. Il immolait les renommées avec une plume d'or.

Voici quelques anecdotes encore à son sujet. Plus d'une lui fait honneur.

C'était chez madame Dorval. Le grand critique venait d'entrer dans le salon.

« Planche, dit-elle, j'ai une proposition à vous faire.

— Laquelle? fit l'écrivain qui croyait peut-être à quelque malice de coquette.

Dans ce temps-là il était jeune et beau, et n'a-t-on pas prétendu, qu'il avait, avec ses longs cheveux blonds, ses grands yeux vagues, son fin sourire, séduit le cœur de bien des femmes?

— Non, cher ami, reprit madame Dorval, voici une feuille blanche, un titre, le nom de l'auteur, ici une plume, de l'encre et du papier. Asseyez-vous une demi-heure, et barbouillez-moi de noir le papier vierge. Jamais vous n'aurez fait plus belle journée, nous vous payons mille francs les cent lignes. »

Planche prit la feuille de papier, regarda tour à tour le papier et l'actrice.

« Que voulez-vous dire? fit-il en jetant la feuille sur la table avec un mouvement brusque. Écrire sur ce livre, et quoi donc, je vous prie?

— Ce que vous voudrez; on ne vous demande pas des éloges.

« Ce que vous voudrez, entendez-vous? Blâmez, critiquez, déchirez, mordez si cela vous convient: on vous paye pour dire votre pensée tout entière.

— Est-ce vous qui me faites une pareille offre? cria Planche en déchirant la feuille blanche qu'il jeta au feu. Ses lèvres tremblaient de colère, et il avait des larmes dans les yeux; si bien que madame Dorval lui prit les mains et lui demanda pardon d'une voix tremblante.

— Je ne croyais pas vous blesser, reprit-elle timidement. On vous laisse votre liberté, vous pouvez tailler votre plume à votre fantaisie et parler franc. M. X..., lui, a de suite accepté, et à lui on n'a pas laissé toute liberté. Pour la moitié moins, il s'est vendu.... »

Tous ceux qui ont fait un peu de littérature et fréquenté quelques hommes de lettres savent ces faits comme moi. Le nom du gentilhomme généreux leur est connu. L'X perfide n'est pas pour eux un mystère. Le public l'ignore sans doute. Je n'ai pas voulu lever ces voiles si transparents, mais donner le récit des faits, tel que Planche nous l'a fait souvent. Et ces jours-là, il en disait bien d'autres! Ce pauvre X était singulièrement maltraité. Planche croyait très sincèrement aux choses dont il parlait; mais j'aime à croire, je dis plus, je suis convaincu qu'il se trompait.

Puisque je suis sur le chapitre du grand critique, encore quelques anecdotes, et tout est dit. Je puis bien me laisser aller à causer de lui. Ce sont peut-être les derniers mots d'amitié qu'on dira sur cet homme. Qui m'en voudra de m'arrêter une heure encore devant sa tombe? Je commence par les petites histoires qu'il racontait à tout le monde pour finir par celles qu'il ne confiait qu'à quelques-uns.

Un jour il se rend chez Balzac, rue Richelieu; on n'arrivait au grand romancier qu'à force de ruse et d'intrigue. Il fallait — pour atteindre seulement l'escalier, — déployer toute l'habileté de Philippe, et encore le mulet d'or n'aurait-il pas pu passer — à l'époque de cette histoire, du moins. Je ne sais s'il était toujours aussi inabordable. Le critique et le romancier étaient fort bien ensemble.

On sait que Balzac avait été chercher Planche pour l'attacher à sa *Chronique de Paris*. Ce jour-là justement, il devait lui lire, devinez quoi? Une comédie, une comédie qui n'a jamais paru et ne fut du reste jamais finie. Si mes souvenirs sont exacts cependant, la comédie était en vers. Arrangez cela avec les idées si connues du romancier sur la poésie, et dites-moi que je me trompe. Je crois, Dieu me pardonne, que je dis vrai.

Le grand critique avait le mot d'ordre. Il parlemente, il dit son nom, demande M. Guillaume, — Balzac se faisait appeler M. Guillaume, — on laisse entrer chez M. Guillaume. Balzac serre la main à son collaborateur de la *Chronique de Paris*, et sautant sur son manuscrit, entame la lecture. Quel était le titre, le sujet? Était-ce de la prose ou des vers? Encore une fois, j'ai oublié. Toujours est-il qu'à la fin Balzac invite son hôte à dîner.

« Volontiers, » dit Planche un peu fatigué. Il croyait qu'on dînerait dans la maison, et que les gardiens mettraient la nappe sur la table du milieu.

Mais non, — l'on descend les escaliers. « Bon appétit, monsieur Guillaume, font les gens en s'inclinant.

— Merci, » répond Balzac en poussant Planche devant lui, et l'on arriva chez Véry.

Ce fut un dîner de Sardanapale. Des flacons de Constance, du vin du Rhin, des choses chères comme tout, disait Planche en riant dix minutes avant la fin de son histoire.

Le grand critique découpait la viande — le romancier découpait le monde, et en faisait des parts.

« Voulez-vous l'ambassade de Constantinople? criait-il à Planche en le tirant par les boutons de son habit. Le ministère de l'instruction publique vous irait peut-être mieux? Malheureusement j'y ai mis quelqu'un. Nous arrangerons ça. Il me reste l'Espagne, vous n'en voulez pas?

— Je ne dis pas non, » répondait Planche en se léchant les doigts et en buvant des choses chères.

Enfin en passant par le Cap, la Hongrie et le Rhin, les truffes et le faisan, on arrive au terme du voyage.

« Payez, dit Planche en cherchant sa canne, et allons-nous-en, je pars pour Constantinople.

— Dépêchez-vous, nous avons à peine le temps, dit Balzac. Garçon, la note!

La note arrive. Un chiffre énorme! on avait bu des choses si chères!

Balzac lit la note, la met dans sa poche, prend son chapeau.

« Nous partons?

— Et la note, payez donc? Le garçon attend.

— La note? Je n'ai pas d'argent.

— Vous avez oublié votre bourse?

— Non pas, je n'ai pas un sou depuis une semaine.

— Vous êtes fou.

— Allons, c'est Buisson qui réparera la faute. Garçon, suivez-moi. Madame, dans un quart d'heure, vous serez payée. »

Et la dame du comptoir fut payée. Le malheureux Buisson s'exécuta : c'était le tailleur de Balzac. Balzac lui devait tant, mais tant, qu'il le gardait en pension chez lui. C'est Buisson qui plaçait les muets aux portes, et protégeait son débiteur contre les autres créanciers ; c'est lui qui soldait les folies de ce grand homme, ses promenades en voiture et ses dîners chez Véry. Planche nous a souvent parlé de ces distractions si communes à Balzac. C'était surtout la politique qui l'occupait. Les offres généreuses qu'il faisait tout à l'heure à Planche, de l'ambassade de Constantinople, du ministère, etc., il les renouvelait souvent. Il sonnait chez vous le matin à deux heures, vous réveillait, cherchait votre linge, préparait vos bottes. Il fallait de suite s'en aller en Beauce, en Chine, au Pérou. Il y avait des millions à gagner, des empires à conquérir, un monde à changer !

Je viens de parler d'un dîner fameux. Planche dîna une autre fois avec le célèbre Cousin. « Je l'avais *esbrouffé*, disait le grand critique. Il me croyait un ignorant. Il m'interpelle dans les bureaux de la *Revue*, une petite discussion s'engage sur Platon, et moi de lui dire les dates, l'année, le jour où tel livre avait été fait, de citer des passages..... » Bref, Planche aurait été, il paraît, si fort et si savant que le philosophe lui aurait dit, tout émerveillé :

« Venez dîner avec moi dimanche, nous causerons.

— J'y allai, s'écriait le grand critique. Oh ! ne me parlez plus de philosophes ! Quelle langue et quelle cuisine ! La langue, passe encore ! Mais les côtelettes ! toutes brûlées, les os de saint Laurent ! Et du vin ! de l'*abondance* chauffée au bain-marie. Un légume au beurre, c'était tout le déjeuner. Je me suis vengé. Au légume, je lui ai dit combien il avait fait des contresens. »

Qu'on n'aille pas croire, comme ont semblé le faire quelques feuilletonnistes, que les Danaïdes couchaient dans son estomac, et qu'il fût insatiable. Bâti comme un hercule, toujours pensant, méditant, ruminant, il avait besoin, tout comme un autre, d'une nourriture saine et abondante. Il a bien des fois mangé avec nous le dîner modeste de la table d'hôte, mangé dans la chambre et non dans la salle commune — la notoriété ! Cette horrible notoriété ! Comme il se rattrapait, quand un ami le conviait à un repas sérieux ! Malheureusement ! ils ne pleuvaient pas. Il avait depuis si longtemps abandonné les salons, les cénacles, les ateliers et les petites assemblées littéraires ! Il vivait retiré, avec des inconnus pour amis, et jamais, qu'on me croie sur parole, jamais, depuis dix ans, il n'avait pu acheter l'habit noir classique ; on l'eût invité à un bal ; même il aurait trouvé l'éditeur qui achèterait ses œuvres complètes — le grand rêve ! — il n'aurait pu s'y présenter qu'en redingote bleue et en pantalon gris. Dieu merci, il avait le droit d'aller dans ce costume chez ses anciens amis. M. Legouvé, à l'époqu *Médée* fut imprimée, écrivit à Planche pc · le prier de dire son sentiment sur sa tragédie; il invitait gracieusement son ancien camarade du collège Bourbon à venir déjeuner avec lui.

« Cette fois-ci, disait Planche, c'était bon et frais; mais j'ai dû paraître bien bête à mademoiselle Legouvé. On sert des huîtres. Pas de palettes pour les détacher. Je ne sais comment faire. Mon couteau travaille, le jus tombe, l'huître se déchire, mademoiselle Legouvé me regarde avec pitié. On m'apporte une palette, je suis sauvé. Je cherche des yeux l'assiette au beurre. C'était un pain, une motte reliée in-octavo, couchée tout d'une pièce sur le plat. Je ne puis le souffrir qu'en rondelles et je ne sais pas le prendre autrement. J'étais fort empêché. Mademoiselle Legouvé riait sous cape. On me donne un morceau de volaille, je ne sais pas le découper. Pour le coup, je crus que la charmante fille de mon ami allait étouffer. Elle quitta la table, nous fit un gracieux salut, et nous restâmes seuls, la tragédie et la critique. « Que penses-tu de ma pièce, me dit alors mon amphitryon. — Je dirai mon sentiment au public; tu sauras alors ce que je pense. En attendant, laisse-moi te demander une chose. Là, franchement, est-ce que tu n'écris pas ta pièce en prose d'abord et puis tu découpes les vers, mieux que moi le poulet. Mais enfin tu découpes à travers la prose, et tu mets les rimes. — Croyez-vous, nous disait Planche en souriant, j'avais deviné juste. On est maladroit à table, mais on a quelquefois du flair. »

C'est à peu près à cette époque qu'il parlait aux intimes d'une lettre que lui avait adressée madame Sand au sujet de *Flaminio*. Elle commençait à peu près ainsi : « Ah çà, mon cher Planche, pourquoi me maltraiter ? » Tout le temps elle était polie, flatteuse et aimable, se contentant de demander avec esprit un peu d'indulgence. Sept pages, ma foi, et serrées ! Le grand critique était heureux comme un enfant en nous montrant en cachette cette fameuse épître. Je puis assurer à madame Sand qu'il ne parlait jamais d'elle que pour la défendre, et je l'ai, à vrai dire, entendu attaquer quelquefois par des gens qui l'avaient vue de près, chez elle et dans le monde. Planche aimait à essayer la petite épigramme qui a des dents de lait, le mot malin, la réflexion à moitié méchante. Ce n'était plus le jouteur terrible d'autrefois, l'homme violent, impitoyable, qui brisait sa plume sur le dos des profanes. Vaincu par la misère, fatigué, malade, il avait perdu l'amertume des premiers temps. Il n'était plus capable d'écrire l'article sur Henri de Latouche, cette page intitulée *les Haines littéraires*, tout imprégnée d'indignation et de pitié. J'ai déjà dit dans quelles circonstances avaient été faits les articles sur MM. de Lamartine et Cousin. Les *Haines littéraires* sont venues, dans une mansarde, au milieu de la nuit. Il s'était couché triste, navré, brûlé par la fièvre. En vain il se tournait et se retournait sur son méchant lit, le sommeil n'arrivait pas. Une rage de dents vient le prendre. Il n'y tient plus. Des frissons glacés courent le long de son corps. Un fagot est là dans le coin de la chambre. Il le jette dans la cheminée, met le feu, et au reflet de l'incendie allume l'éclair de sa phrase. La plume lui brûle les mains, il écrit, il écrit, et le matin l'article était fini.

A quelque temps de là, il sortait d'un cabinet de lecture situé rue Mazarine, ou des Saints-Pères ; une autre personne se lève en même temps. Planche croit entendre l'inconnu demander son nom à la dame du comptoir. A peine dans la rue, il est accosté par un petit homme à perruque rousse, avec un œil de verre. — C'est vous qui êtes M. Planche? — Oui, monsieur. — Moi, je suis M. de Latouche. Vous avez écrit un article sur moi.... — Monsieur, dit Planche, je suis pressé. Voici mon adresse. Choisissez deux hommes, j'en aurai deux. Votre très humble. Et il partit. — M. de Latouche ne vint pas et les deux hommes de Planche attendirent inutilement. Je dois dire que Latouche me paraît avoir été un homme aussi brave qu'intelligent, fort décidé, très résolu. Le silence qu'il garda dans cette occasion, je ne sais trop à quoi l'attribuer. Il comprit sans doute qu'il commettait une faute en se reconnaissant dans cet IL fameux qui est le héros de l'article, et les affaires en restèrent là. Je crois même que depuis les deux écrivains ne se sont jamais rencontrés.

Beaucoup d'articles de Planche se ressentent des circonstances dans lesquelles il les écrivait. Nous l'avons vu pour quelques-uns ; c'est vrai pour bien d'autres. Il en est un qui fut composé aussi dans un moment de tristesse, un jour de misère. Dieu sait cependant s'il est empreint de calme et de sérénité ! Un matin, le critique n'avait pas de quoi déjeuner. Il entre au café Tabouret, plutôt là qu'ailleurs, parce que le maître de l'établissement l'avait vu quelquefois et que le quart d'heure de Rabelais serait moins dangereux. Mais ces petits ennuis et ces craintes mesquines faisaient mourir cet honnête homme à petit feu. Il ne mange pas, demande du thé, encre et papier ; le voilà avalant coup sur coup quatre ou cinq tasses de thé noir, d'une main trempant un gâteau dans sa tasse, de l'autre plongeant sa plume dans l'encrier. A trois heures de l'après-midi, il n'y avait plus de thé dans la théière, ni d'encre dans l'écritoire. Il avait fini son papier, et gagné sa consommation. L'article sur *Adolphe* était fait.

N'est-ce pas un spectacle triste que celui de cette intelligence tourmentée, de ce cœur dévoré par des souffrances si viles ? Non, cet homme n'était pas mauvais, ce n'était pas l'envie qui le faisait cruel et impitoyable, les petits sentiments ne dictaient pas ses grands articles ; s'il fut quelquefois chagrin et passionné en maniant la plume, c'est que la misère était là, une misère triste, affreuse, inflexible. Il appartient, lui, l'écrivain sage, froid et pratique, à la race des poètes tués par la faim. Il est de la famille des

Gérard de Nerval. Du reste, il y pensait souvent ! J'eus le douloureux avantage de voir Gérard deux jours avant sa mort, et je racontais quelquefois à Planche les détails de cette courte entrevue. Il soupirait bien fort et nous l'entendîmes nous dire un jour que peut-être il mourrait ainsi. Il voulait, lui, se brûler, et anéantir jusqu'à la dernière parcelle de lui-même. Il savait, je crois, disons-le en passant, la gravité de sa maladie. Depuis trois ou quatre ans il se plaignait de ses souffrances, ses jambes refusaient le service, comme on dit, et c'étaient quelquefois au milieu d'une phrase commencée, des cris de douleur atroces. Nous ne savions au juste ce qu'il avait. — Si je pouvais prendre les eaux, disait-il, je le sens, je serais guéri. Les eaux, c'est bon pour les riches. Quelle vie ! murmurait-il en étouffant sa plainte.— Et nous ne savions pour le consoler, que lui rabâcher quelques histoires et lui faire quelques plaisants mensonges. Peut-être est-il mort parce qu'il n'osait avouer son mal ! Planche n'avait pas de vices, et l'on ne peut attribuer aux excès les ravages exercés sur cette robuste nature. Mais on lui avait dit si souvent qu'il était malade de la peste, qu'il n'était qu'un lépreux, et mourrait d'une maladie de peau, que le malheureux avait peur de montrer ses jambes.

Qu'on y songe ! Un traitement de quelques mois l'eût guéri. La honte l'empêcha de voir un médecin. Certes, je ne suis pas seul à penser ainsi. La plupart de ceux qui vivaient dans son intimité croient qu'il existerait encore si la crainte du mond ne l'avait retenu. Peut-être nous trompons-nous ! Mais si nous disons vrai, quelles réflexions douloureuses doivent venir à l'esprit, et quels regrets monter au cœur !

Il est un mot qu'on a fait pour le vieux Molière ; un mot qui vaut à lui seul mieux que toutes les formules de l'admiration. Ce mot je l'appliquerai sans crainte à Gustave Planche, et j'écrirai volontiers au front de son cercueil : *Ci-gît un grand honnête homme.*

DEUX AUTRES

LE NEZ D'UN SAINT

UN PENDU

DEUX AUTRES

LE NEZ D'UN SAINT
UN PENDU

Je ne veux pas ajouter à ces souvenirs sur Gustave Planche des articles nécrologiques sur les morts littéraires qui depuis quelques années ont été rejoindre au cimetière leurs parrains célèbres, Jules Viard, Armand Le Bailly, etc., etc. Ils ont eu, ceux-là, leur oraison funèbre, et les journaux se sont apitoyés sur leur douloureuse agonie.

Après tout, c'est une récompense que cette publication posthume, et l'on sait quels furent les efforts des victimes. On peut apprécier l'horreur de leur vie sinistre.

Mais combien j'en sais qui n'ont eu que le bout d'article classique et maigre dans la petite feuille du pays natal, et dont pourtant le courage fut grand, dont la misère fut honorable et terrible, amusante, singulière, tragique. Ils n'étaient connus que de ceux qui menaient l'existence obscure des cénacles. Ils n'avaient, pour leur faire l'aumône d'un dîner ou d'un éloge, que des camarades de collège, des voisins d'hôtel. Leur réputation n'avait pas dépassé le seuil humide des maisons borgnes qu'ils habitaient.

Parmi ceux-là encore, il faut choisir. On ferait un trop gros livre, si l'on voulait inscrire tous les décès qu'a entraînés la misère marchant boiteuse aux côtés de l'ambition. Je ne parlerai que de deux, l'un qui mourut de misère, l'autre qui s'est pendu.

I

Le premier s'appelait Cressot. Qui ne l'a connu ce poëte, long comme un vers de treize pieds, qui dès sept heures du matin arpentait de son pied fourchu les rues du quartier latin, éternuant, toussant, perdant toujours quelque chose en route, ses cheveux, ses dents. Détraqué comme un vieux meuble, il s'affaissait, fiévreux, sous le coup d'une sénilité précoce, et l'on eût dit un siècle qui s'écroulait!

Il n'avait de bien vivant qu'un nez, un nez qui à la suite d'une maladie était devenu fou! Il voulait, dans sa folie, quitter le visage auquel le bon Dieu l'avait soudé, il voulait partir, voyager, faire le diable, il avait assez de Cressot! Heureusement, la Providence qui voit tout avait placé le remède près du mal, et appelé sur ce nez terrible la sollicitude de la main droite, qui faisait son devoir, plus que son devoir. C'étaient, à la moindre alarme, les cinq doigts qui se jetaient sur l'agité, et le maintenaient à sa place, désespéré.

Ces gestes, tout de circonstance et de convention, donnaient lieu aux méprises les plus comiques, et les doigts en l'air figuraient assez bien le geste du gamin parisien quand il veut être impertinent pour un contemporain!

Depuis quand Cressot avait-il ce tic? A quelle époque seulement remontait son origine? On ne l'a jamais bien su. Un jour, un homme à barbe blanche l'accosta dans un café, et, se jetant dans ses bras, lui dit :

« T'en souviens-tu, Ernest, quand nous étions au collège? C'était en 182... »

Cressot l'interrompit, et il se fit un grand silence.

D'où venait-il? C'était un Bourguignon, ce déhanché minable et amaigri. Son père, vieux soldat, avait fait les guerres de l'empire; sa mère, sainte femme, après avoir été la compagne vaillante de l'ancien lancier de la garde, mourait trois jours avant celui qu'elle avait mis au monde, et le père, à quatre-vingts ans, se trouva, un soir, entre le cercueil de sa femme et celui de son vieil enfant. Je crois qu'il est allé depuis les retrouver.

Cressot était venu achever ses classes à Paris, où il avait fait ses élémentaires, ses spéciales même, pour entrer à l'école militaire de Saint-Cyr. Cressot, soldat? si fiévreux, si maigre, avec son tic! On dut le refuser à la visite.

Il sortit du collège et commença son droit qu'il ne put achever. On n'était pas riche au pays! Il entra enfin au ministère de la guerre.

A ce moment de sa vie, il faut placer une circonstance à laquelle j'aurais peine à croire si elle ne m'eût été affirmée par des camarades et presque des compagnons de sa vie. On dit qu'il fut aimé, et que, pendant trois ans, ce monstre vécut avec une femme qui eut soin de lui, résignée, muette, assistant aux agitations de son nez malade, comme on voyait jadis, au haut des cathédrales, des employés mystérieux, rêveurs, qui regardaient s'agiter dans l'air les pattes en bois des télégraphes.

Un jour malheureusement, au lendemain de la révolution de février, le ministère de la guerre jeta sur le pavé quelques douzaines d'expéditionnaires, sous le prétexte qu'ils faisaient double emploi.

Cressot se trouva du nombre, et alors commença pour lui la vie de hasard. Il ne se laissa point aller à la paresse et ne roula point dans l'ornière. Il chercha tous les moyens de gagner du pain, et je le rencontrai un matin d'hiver, sur une grande route, qui, les pieds dans la neige, le nez glacé par le brouillard, plantait, à 3 francs la journée, des tringles en fer sur le chemin.

Il donna des leçons, mais son tic lui fermait l'entrée des maisons aristocratiques et tranquilles. Il fit des traductions de l'anglais; malheureusement, il était consciencieux et ne gagnait pas à ce métier plus de dix ou quinze francs la semaine. Encore ne le payait-on pas toujours ! Il est, dans la tombe, le créancier d'un drôle.

Aussi maigrissait-il à vue d'œil, ce bon Cressot ! Joignez à cela que quand il lui tombait du ciel quelques sous, il les portait à l'imprimerie la plus voisine pour faire composer bien vite une centaine de vers ou une petiote comédie. Il reçoit 75 francs, un matin, devant moi — il lui restait un écu dans sa bourse — il alla vendre immédiatement un livre pour parfaire quatre-vingts francs, et avec la somme se rendit chez Lacour pour livrer à l'impression les *Larmes d'Antonia*, bluette. Il se passa de dîner ce soir-là.

Il aimait les lettres d'un amour naïf et sincère, croyait aux grands siècles, vivait dans le commerce de Pindare et de Virgile. Il soupait souvent d'une lecture, et se consolait des privations de la vie moderne dans l'admiration de la vie antique.

Il espérait, lui aussi, l'immortalité ! Oh ! fantôme, combien en as-tu entraînés avec toi dans l'ombre ! Combien se sont accrochés, malheureux fous, au pan glorieux de ton linceul ! Quand donc la lanière aiguë d'un sceptique robuste te fouettera-t-elle, jusqu'à te faire mourir, immortalité fatale, bourreau qui promet un trône et mènes par le ruisseau et l'hôpital, jusqu'au trou commun où les squelettes se gênent ?

Mais son ambition exaltait son courage et non

point son orgueil. Sous prétexte d'attendre l'inspiration, il n'insultait pas pendant les intervalles ses voisins, et ne courait pas le ruisseau ou le cabaret.

Il allait au café pour lire les journaux bien pensants; Cressot était de l'opposition. Il y allait aussi pour dîner; il dînait d'une tasse de chocolat ou de café simplement, et avec ses seize sous, se tenait au courant du mouvement. Il dévorait articles, entrefilets, et il était peu de ces plaques en bois tringlées de fer, contre lesquelles son nez ne se fût cogné bien souvent.

Ainsi nourri, il se levait, traînait quelque temps au soleil, puis rentrait chez lui. Il s'asseyait sur son grabat, mettait sa table à côté de lui; et là, laissant aller son âme et retenant son nez, il faisait des vers à la femme, aux fleurs, à Socrate, à Garibaldi !

Quelquefois, il emportait des provisions, puis s'enfermait pendant huit jours avec des saucissons dans ses draps et du pain sous son oreiller, et de sa couche, il composait.

C'étaient souvent des bruits terribles. Son nez s'irritait de la solitude, demandait de l'air; tant de poésie le fatiguait, il aurait voulu se mettre à la fenêtre. Le tic alors prenait des proportions gênantes. Les jambes tout d'un coup s'en mêlaient, battaient l'espace. Cressot se nouait dans un affreux délire !

Quand Cressot sortait, il avait maigri de dix livres et allongé d'un pouce. Mais il avait accouché d'un sonnet et il allait le lire à ses amis ! Il trouvait assez douce la récompense et recommençait quand il avait dans la tête une idée, dans sa bourse, deux cervelas. Deux cervelas, soit seize vers; il en a laissé douze cents!

Sous cette naïveté comique, Cressot cachait de grandes vertus. Il avait une délicatesse désespérante, et n'avouait à personne sa misère. Je ne l'ai jamais vu emprunter cinq francs, mais il prêtait souvent des pièces de quatre sous; il a plus de débiteurs, peut-être, que de créanciers!

Brave garçon! comme sa vie était de verre, et que pas un vice n'en ternissait la pureté modeste, il trouvait le monde indulgent pour lui.

Pendant des années, un hôtel de la rue Monsieur-le-Prince le garda, sans qu'il payât son mois. Mais il s'acquittait par des leçons données aux demoiselles de la maison, auxquelles il apprenait l'histoire et la littérature, avec quelque peu d'anglais pour la bougie.

Malheureusement, le propriétaire vendit, et Cressot se trouva à la merci de nouvelles gens qui le gardaient, mais à des conditions moins nobles. Il avait la chambre *qui est libre*.

Il rebondissait comme une balle du premier au cinquième pour retomber au rez-de-chaussée, à la cuisine, dans la cave. On lui fit une nuit un lit dans le fourneau, une autre fois, je le trouvai étendu dans un sous-sol, sur un matelas, au milieu des bûches, souriant et calme, il était en train de faire des vers qui commençaient ainsi :

« Belle duchesse... »

C'est que Cressot se piquait de gentilhommerie et d'élégance...

Vêtu, il l'était de façon à faire sourire; sur ce long corps qui n'en finissait plus, on voyait collé, par les jours de soleil ou de neige, un habit noir à queue maigrelette, qui avait l'air de la veste à pans courts des lanciers. Ses genoux s'entre-choquaient dans les plis d'un pantalon couleur de dent malade, et un tuyau de poêle rougi par l'âge, cassé par la vie, surmontait tout énervé sa tête en délire !

C'était Gringoire, mais c'était aussi Brummel. Il n'avait pas de semelles à ses souliers, mais avait toujours des gants aux mains. L'hiver, il jetait sur son dos, en plis hardis, comme un plaid d'Écosse, le tapis sur lequel le matin il crispait ses pieds; et, en été, les jours de course, couvert de poussière, râpé, jaunâtre, il mettait, comme messieurs du club, un voile vert à son chapeau.

Avec une désinvolture de dandy, il jouait d'un jonc à 22 sous, et, quand son tic le laissait libre, il badinait à la Lauzun, caressant les mentons des maritornes et chiffonnant les collerettes. Il avait la moustache en croc et l'ongle en cuillère à sauce. Il disait « le guet » pour parler des sergents de ville, et « ces manants » pour désigner les fournisseurs.

Il avait toutes les grâces d'un galant homme avec tous les malheurs du monstre.

Cressot est mort le jour où la misère l'a lâché; il est mort parce que son corps, habitué à la souffrance, n'a pu accepter le bien-être, ou seulement supporter le remède.

Un jour, il reçut d'un notaire de province une lettre lui annonçant qu'un ami, à l'agonie, l'avait couché sur son testament pour une rente de quinze cents livres. Cet ami avait expiré la veille, Cressot pouvait venir toucher le lendemain. Il avait, pour toujours, des draps et du pain blanc.

Poète, il pouvait attendre l'inspiration, ou l'aller demander aux forêts vertes, aux rivières bleues !

Hélas ! déshabitué des opérations normales de la vie, n'ayant mangé que par hasard depuis la dernière révolution, le jour où son estomac travailla, Cressot mourut.

Il a rendu l'âme il y a quatre ans ! Son nez s'est arrêté un matin d'été 1861.

II

L'autre s'appelait Alexandre Leclerc, sculpteur de talent, dont on trouva le cadavre dans un coin du cimetière du Père-Lachaise, où il s'était pendu.

Que ceux qui ont le regret des bonheurs perdus ou le remords des fautes accomplies, aillent étrangler dans un coin leur tristesse ou leur honte, et qu'ils chassent devant eux leur âme, je le comprends : mais celui dont je parle n'avait jamais eu de vraie joie, et n'avait, certes, à rougir de rien. La pauvreté même n'avait pas eu d'humiliation pour lui, tant il savait, en face de ces vils dangers, se tenir ferme et digne. Où est le secret de son suicide? On prétend qu'il souffrait beaucoup de l'abandon et du dédain que lui témoignaient ceux qui devaient le plus l'aimer; non qu'il attendît ou réclamât rien d'eux, mais son âme noble gémissait de tant d'indifférence! Triste de se voir seul au monde, quand les affections naturelles de la famille l'abandonnaient, et qu'il croyait n'avoir que des camarades et pas d'amis, désespéré peut-être de n'avoir pas encore la gloire qui l'aurait consolé, il s'est tué, et sa mort a été modeste et courageuse comme sa vie.

Je ne veux point, en la racontant, écrire une oraison funèbre, ce n'est point une apothéose du mort, que ce soit le châtiment des vivants!

C'est le 12 août qu'a eu lieu le suicide. Il avait, le matin même, déjeuné sous les arbres avec un ami, à Châtillon, et l'avait quitté sans que le frémissement de sa main ou le tremblement de sa voix indiquât qu'il disait un éternel adieu. Le soir, il se rendit au Père-Lachaise, et ceux qui l'y virent entrer ne l'ont pas vu sortir; il en partit le lendemain sous un drap pour aller reposer sur les dalles froides de la Morgue. Il s'était pendu dans la nuit à la grille d'un caveau habité par des inconnus. Il avait dû rôder longtemps dans le cimetière; car, quand on découvrit son cadavre à midi, le docteur déclara que la mort remontait à douze heures. C'est vers minuit, sans doute, que tirant de sa poche une corde, il l'avait attachée à un gros boulon de la pique, et se laissant aller, il avait rendu l'âme!

On trouva sur lui un rasoir au tranchant tout frais et deux lettres : l'une au conservateur du cimetière, où il demandait presque pardon de l'embarras qu'il allait causer, pauvre mort! l'autre était adressée à un ami de sa famille, qui vint le soir, mais déclara ne pas le reconnaître. Toute la journée, il était resté étendu à terre, et l'on avait emprunté à l'automne ses feuilles pour lui faire son dernier lit : un gardien rôdant autour empêchait qu'on marchât sur le cadavre. Devant la réponse faite, on procéda au lugubre transport, et le corps arriva le soir même à la Morgue.

Il y est resté jusqu'au 16, jour où ceux qui portent son nom l'envoyèrent chercher et lui firent l'aumône d'un mètre de terre dans le cimetière même où il s'était pendu. On n'était pas dix à l'enterrement.

Personne ne fut prévenu, on escamota son cadavre, on nous vola notre ami. C'est le hasard qui nous mit sur la trace! Nous savons maintenant où il dort : et, dans quelques heures, nous allons lui faire ses funérailles. Pour venger sa mémoire outragée par ceux à qui le devoir criait de veiller sur elle, vers ce coin du monde où dort celui qui fut notre ami, nous irons tous, muets et tristes, jeter un regard ; nous déposerons quelques couronnes ; puis, si l'on est assez riche, on achètera une pierre sur laquelle on écrira son nom : pour qu'ils reconnaissent la tombe, ceux qui n'ont pas reconnu le cadavre!

Je voudrais quelquefois rêver près de la pierre! Pourquoi ce suicide à l'ombre après cette vie sans tache? pourquoi cette mort sans gloire? Ah! le dégoût l'a pris; il pourra nous prendre demain! Et pourquoi non? Quand toutes ses curiosités sont assouvies, que toutes ses affections ont été brisées, et qu'il lui est, de par la société qui a peur, défendu de parler à sa guise, je comprends que l'homme se tue; soit qu'il croie que les vers mangent les âmes avec la chair, soit qu'il pense qu'on prend sa revanche là-haut. Toi, notre ami, qui es parti le premier, tu sais le mot du grand mystère!

Regrettes-tu, dis-moi, de nous avoir quittés?

LES

VICTIMES DU LIVRE

LES VICTIMES DU LIVRE

Pas une de nos émotions n'est franche.

Joies, douleurs, amours, vengeances, nos sanglots, nos rires, les passions, les crimes ; tout est copié, tout !

Le *Livre* est là.

L'encre surnage sur cette mer de sang et de larmes !

Cela est souvent gai, quelquefois triste. Mais à travers les débris, les fleurs, les vies *ratées*, les morts *voulues*, le Livre, toujours le Livre !

« Cherchez la femme, » disait un juge. C'est le volume que je cherche, moi : le chapitre, la page, le mot...

Combien j'en sais dont tel passage lu un matin a dominé, défait ou refait, perdu ou sauvé l'existence !

Une *pensée* traduite du chinois ou du grec, prise à Sénèque ou à saint Grégoire, a décidé d'un avenir, pesé sur un caractère, entraîné une destinée. Quelquefois le traducteur s'était trompé, et la vie d'un homme pivotait sur un contresens.

Souvent, presque toujours, la victime a vu de travers, choisi à faux, et le Livre la traîne après lui, vous faisant d'un poltron un crâneur, d'un bon jeune homme un mauvais garçon, d'un poitrinaire un coureur d'orgies, un buveur de sang d'un buveur de lait, une *tête-pâle* d'une queue rouge.

Tyrannie comique de l'*Imprimé*!

D'où vient cela?

Je ne sais; mais l'influence est là! Tous la subissent, jusqu'à nous, les corrompus, qui lisons mieux sur la mise en page que sur le manuscrit, et croyons plutôt que *c'est arrivé*.

Joignez à cette autorité de l'imprimé l'intérêt du roman. Que l'écrivain ou l'écrivailleur ait donné à ses personnages une physionomie saisissante, dans le mal ou le bien, sur une des routes que montre Hercule, moine ou bandit, ange ou démon! et c'en est fait du simple ou du fanfaron sur qui le bouquin tombera. Ce sera une bosse ou un trou, une verrue ou une blessure, suivant la chance! Mais la trace est ineffaçable comme la tache de sang sur la main de Macbeth! Ils gratteront à en saigner; le *pâté* y est, il restera!

Et cela, sans qu'ils s'en doutent, sans qu'ils sachent qu'ils ont le cerveau gonflé de vent et que leur cœur bat... dans l'écritoire d'un autre.

Rares, d'ailleurs, bien rares, dans Paris comme à

la banlieue, à l'Académie comme dans la boutique, ceux que n'a pas plus ou moins entamés le Livre, qui n'en portent pas un peu la marque dans la tête ou dans la poitrine, sur le front ou la lèvre!

Combien de fois, sans le vouloir au juste ni le savoir tout à fait, tel qui croit être *lui*, ne s'est-il pas tenu en face d'une émotion ou d'un événement dans l'attitude de la gravure, avec le geste d'Edgar!

Si l'on était franc et si l'on cherchait bien, comme on se surprendrait en flagrant délit de contrefaçon? En faisant le siège de son âme, combien de brèches par où passe un bout de chapitre, un coin de page!

Que de mensonges il fait faire à soi-même, le livre! que de lâchetés il excuse, que de faiblesses il autorise!

On croira n'être pas gai, pas triste, point en joie, pas en train, parce que le livre marque autre chose à cet endroit. On voulait être simple, on est précieux; passer outre, on s'arrête; pardonner, on se fâche; saluer, on insulte; — *Ici l'on rêve.* — *Ici l'on flâne.* — *Ici l'on pleure.* Et un tas d'autres poteaux plantés tout le long de la vie, auxquels le *premier mouvement* vient se casser les ailes, et sur lesquels on lit son chemin, au lieu de le faire, l'œil en avant, le cœur en haut!

Pauvre cœur qui avance ou retarde; qu'on règle sur le volume comme un bourgeois règle sa montre sur une horloge; on regarde à ce cadran l'émotion qu'il est! pauvre cœur! — vieil oignon!

C'est partout ! c'est toujours ! en haut, en bas ; à dix ans, à quarante !

Victime convaincue ou désespérée, gaie ou funèbre, qui fera rire ou fera pleurer, tout petit, le livre vous prend ! — Il vous suit des genoux de la mère sur les bancs de l'école, de l'école au collège, du collège à l'armée, au palais, au forum, jusqu'au lit de mort, où, suivant le volume feuilleté dans la vie, vous aurez la dernière heure sacrilège ou chrétienne, courageuse ou lâche !

Regardez !

I

C'est d'abord le livre d'enfance.

Les contes du chanoine Schmidt, les *Œufs de Pâques*, la *Couronne de houblon*, *Théophile ou le petit ermite*.

ROBINSON.

Qui de nous n'a pas été un peu victime de Robinson ?

Qui n'a pas rêvé son petit naufrage et son île déserte ? L'île déserte, avec le canot, la chasse, *son* château, *ses* vignes, du tabac, du melon, la liberté !

Mon Dieu ! de 10 à 13 ans, que j'ai donc souvent prié le ciel de m'égarer ! — Je ne m'aventurais jamais dans la basse ville ou hors la barrière que muni de tout ce qui peut être utile à un naufragé. Ficelle, aiguilles, hameçons, ce qu'il faut pour écrire ; un briquet, de peur de ne pouvoir faire de flamme en frottant les morceaux de bois.

J'ai passé des journées, — vous aussi, allons ? — à frotter des copeaux l'un contre l'autre pour avoir du feu, sans obtenir jamais que des ampoules. On mouillait sa chemise, on suait, on soufflait, il n'y avait que le bois qui restait froid, le copeau étant plus sensible sous un ciel que sous un autre et le frottement de la civilisation ne valant pas, à ce qu'il paraît, celui de la barbarie. — Dans mes poches : des noyaux de cerises d'abricots, de pêches, ramassés dans toutes les boues! des grains de blé pour semer dans l'île, au cas où ma récolte de manioc ou de pommes de terre manquerait.

Et le linge? Je me souviens d'un jour où l'on m'arrêta à l'octroi comme suspect. Il faisait 33 degrés à l'ombre. J'avais en dessous de ma culotte de collégien le pantalon noir de mon père, des bas de laine dans mes chaussettes, et deux chemises, dont une à ma mère, plus longue, pour agiter du haut du rocher, s'il passait une voile à l'horizon.

Comme on prenait ses précautions, et quelle conscience on y mettait, je me souviens! On se trouvait, *sans savoir comment*, dans un chemin qui n'était plus le sien. On n'y prenait garde d'abord, *oubliant toute prudence*, puis tout d'un coup on s'apercevait qu'on s'était perdu.

« Où suis-je?.... Je ne connais pas ces plantes.... On dirait un matelot qui appelle.... Pas une habitation.... Que dira ma mère ce soir ? »

La mère vous donnait une semonce et une taloche, en vous voyant revenir tout crotté de votre naufrage. Cela ne vous guérissait point, et vous vous couchiez en rêvant de la terre inconnue où tous les jours étaient des dimanches et les vendredis des domestiques.

Quelquefois on *tombait* chez les sauvages, qui vous nommaient grand esprit, ou bien l'on était quelque part sur les côtes d'Afrique *coiffeur de la reine*....

Quels rêves, mon Dieu! et que d'heures passées derrière le pupitre, le nez sur le *gradus*, la tête au diable, à mille lieues de là, sur le Grand-Océan! On a bien autre chose à faire vraiment qu'à éviter les solécismes et à mettre la quantité! Et les voyages au vaisseau, et les découvertes dans le nord de l'île!....

Si l'on est roi, les traités à signer, les ambassadeurs à recevoir, les finances à désorganiser — tout est là — pour repartir un jour avec la caisse sur un navire faisant voile pour « la vieille Europe. »

Ah! quand M. Chose nous reverra, l'homme du second qui nous appelait les *pannés* du cinquième, et la demoiselle du sous-chef qui riait toujours de vos culottes rapiécées et de vos gilets trop longs..... quand ils sauront que vous avez été roi, et des Caraïbes encore! et que vous revenez millionnaire.... — On disait millionnaire, de mon temps.

Quelles petites vengeances on mitonne en outre !
Il y a des gens dont on fait brûler les maisons, voler
les papiers, enlever les femmes ; on a une police,
des noirs, des blanches, un sérail. Coquin d'enfant !

LES LIVRES BLEUS.

A côté du livre qu'on lit dans la bibliothèque de
son père ou qu'on a en prix à la distribution, celui
qu'on feuillette d'une main avide, qu'on parcourt
d'un œil hagard dans la case du bouquiniste, imprimé
sur un papier gris, à chandelles, en peau de chien,
avec des gravures ! livre souvent autorisé, quelquefois défendu, quoique souvent le titre promette
plus que l'ouvrage ne tient.

Histoire d'une jolie femme, *l'Amour conjugal*....
On feuillette ceux-là sans les comprendre, on
dévore les autres sans reprendre haleine.

— *Le Collège incendié*. Comme on aurait voulu que
ce fût le sien, comme on aurait sournoisement soufflé le feu, et qu'on se serait bien gardé d'avertir !
Les *De viris* et les *Selectæ* brûlés, les classes détruites, le censeur, un chien fini, rôti jusqu'à l'os ; le
désordre, le bruit ; un congé !

— *Les Aventures de Cartouche*, ou de Mandrin, ou
d'un autre, d'un capitaine de voleurs illustré, pour
tout dire : un voleur courageux, galant, poli avec les
dames, s'il est dur avec les gendarmes, jurant à la

belle étrangère qu'elle ne sera que détroussée, lui offrant le bras pour passer au salon de la caverne. Des brigands qui ont des salons, des habits bourgeois, qui vont entendre lire leur condamnation à mort par le crieur public sur la place de la ville, qui s'évadent par les toits, les caves, sur le dos de leurs confesseurs, rient au nez de leurs juges et montent au pilori en martyrs....

Comme c'est toujours à la veille de se retirer ou de céder son fonds au lieutenant que le capitaine est pincé, on se promet bien de partir la veille et d'aller quelque part, bien caché, mener la vie du brigand honoraire qui a le *sac* sans la corde — quitte à faire dire des messes et à fonder un prix de vertu pour étouffer le remords.

Cette vie d'aventures hardies et d'évasions miraculeuses, couronnée d'une bonne retraite, n'a rien que de fort agréable, et je sais bien que si, en quatrième, on m'avait offert un engagement dans une troupe convenable, avec espoir d'avancement et des feux, j'aurais signé des deux mains, et j'aurais peut-être envoyé mon traité à ma mère.

L'HISTOIRE DE JEAN BART.

Jusqu'à présent le mal n'est pas grand.

On a beau tout faire pour s'égarer, la bonne vous retrouve toujours. On n'a pas, comme cela, la chance d'être jeté dans une île déserte par terre, et quant aux brigands, ils ont beaucoup baissé depuis les chemins de fer.

Mais voici que les jambes grandissent, on attend les moustaches, on se rase avec un couteau, on a l'âge pour être *mousse*.

Après le livre de récréation, le livre d'histoire. Après Robinson, Jean Bart!

Difficile à mener le moutard qui a été empoigné par cette légende et qu'achèvent de troubler toutes les histoires de mousses *arrivés*, dont sont pleins le *Journal des enfants*, le *Musée des familles*, la *France maritime*....

A peine il a achevé sa lecture, il parle de quitter les classes de latin pour entrer *en élémentaires*, et se préparer à la marine. Il demande à sa tante une boîte de compas, à son parrain une boussole pour son jour de l'an. Il se fait acheter une petite casquette avec un galon d'or, s'il est riche : s'il est pauvre, un chapeau de toile cirée sur lequel il colle en lettres de papier *d'or* le nom de son navire : *le Vengeur*, *la Méduse*.

Cela n'est souvent qu'une fantaisie qui passe avec un rhume attrapé dans une manœuvre à sec faite pour s'habituer à la mer. Mais si le livre était ardent, le récit touchant, qu'on y prenne garde! — Ne brutalisez pas cette impression d'enfant, ou malheur à vous, malheur à lui! Il sortira de là un mauvais sujet ou un mauvais fils.

Le Livre tuera le père.

Un jour avec cent sous gardés de ses étrennes, sa gourde, son livre, il *filera*. Il marchera sur Toulon pour s'embarquer. Vous le ferez arrêter par les gendarmes, mettre au séquestre, ou au cachot; vous le corrigerez par vos mains. Ce gamin de douze ans se redressera fier sous le châtiment; il se croit déjà devant l'ennemi.

Je n'ose pas dire que Toulon l'attend.

Mais voici un abîme qui se creuse entre le fils et le père, où peut s'engloutir une jeunesse.

Au lieu de faire naufrage « *sur la côte lointaine,* » il ira, l'amiral manqué, se briser contre les écueils à fleur de boue de la vie banale. On le retrouvera aux compagnies de discipline un jour, ou dans une bande d'aventuriers; peut-être bien sur un navire, mais sans pavillon, faisant la contrebande ou la traite.

Peut-être encore, sur les bords de la Seine, cadavre verdi par l'eau, noyé de l'autre quinzaine, souffleté au courant par la lame des canotiers d'Asnières, piqué au ventre par la gaffe d'un *marinier*, échoué contre le Pont-Neuf.

Comme nous sommes loin de l'île déserte et de l'histoire de Jean Bart! Et pourtant, je vous l'assure, il est parti de là pour arriver ici.

LE CORSAIRE.

Après la bibliothèque de collège, celle du cabinet de lecture, après le naufragé connu, l'homme sans nom ; après Jean Bart, Jean Fatal....

Le Pirate, Arthur, la Gorgone.... Eugène Sue, La Landelle, etc., etc....

Le fameux corsaire au nez d'aigle, à la lèvre pâle, à l'œil bleu d'enfer, qui ne parle pas, qu'on n'entend que dans le danger, l'orage ou la bataille.... D'où il vient ?... nul ne le sait ! Il n'a pas de pays, pas de patrie. *Ubi mare, ibi patria.* — Qui l'a fait si sombre?... Est-ce un amour, un crime ? Le mousse dit qu'une fois il l'a vu pleurer.

Toujours est-il qu'il ne rit jamais. Ses hommes lui obéissent comme à Dieu et le craignent comme le diable ; et il va, entre le ciel et l'eau, faisant sauter les têtes et les navires....

Tempêtes, massacres, incendies, un peu de viol au besoin ; l'orgie sur le pont où le tafia ruisselle ou dans la taverne où les couteaux marchent !

Voilà pourtant les rêves que caressent, dans leurs fauteuils en cuir vert, de braves gens qui ne feraient pas tort d'un sou à personne, et qui ont peur des revenants ! Vous entendez des hommes qui ont un ventre à ne pas pouvoir lacer leurs souliers, ou des pituites à faire rendre la Garde, vous dire qu'ils étaient nés pour être corsaires, qu'il leur fallait cette vie d'émotions ardentes, coupables.... comme dans *Couprre*, d'autres prononcent *Cauau père*.

Cela ne les empêche pas d'être bons garçons, de jouer au bésigue dans les cafés, et de dire la leur quand chacun *dit la sienne* — mais tous ne se résignent pas ainsi !

J'en sais qui poussent la farce jusqu'au bout, et se condamnent au *corsaire forcé* pour la vie : gens qui se font une figure en coin de rue qu'on dépave, qui posent pour le front pâle, le regard dur, qui donneraient cent sous d'une ride, et feraient des billets pour une cicatrice.

Ils portent chez eux leur bonnet de coton à la Masaniello, dans la rue leur panama en sombrero, leur pet-en-l'air en veste de combat, muets ou bruyants, tout glace ou tout feu, tombe ou trombe, comme dirait Hugo ; — cela dépend de la coupe de la barbe et de la couleur des cheveux. Les nuances du reste ont traité à l'amiable : — le blond a pris l'*énergie froide*, le brun l'*énergie sauvage*.... L'un raille et l'autre blasphème, l'un ricane et l'autre hurle.

Ces gaillards-là sont comiques au café, dehors, au soleil ; mais chez eux, dedans, ce sont des monstres. — Ces énergiques de carton, qui veulent se donner des airs de commandeurs du sud, cassant le fouet sur le dos des esclaves, de négriers jetant, quand le croiseur les chasse, leur lest de chair humaine dans l'océan, et qu'on s'obstine à ne pas craindre, ils se vengent de la bienveillance blessante des étrangers sur le dos des leurs; ils s'arrangent de façon à ce qu'il n'en soit pas ainsi à la maison.

Ils sont là sur leur bord! — ils commandent comme à des nègres; ils demandent une fourchette comme ils crieraient : « Coupez le grand mât! »

Ils rendent la vie insupportable aux domestiques, à l'inférieur, à leurs enfants et à leur femme. Ces comédies finissent quelquefois par des drames, souvent par des adultères. C'est pain bénit.

LE DERNIER DES MOHICANS.
LA PRAIRIE.

Victime de Cooper, celui-là.

Il entrevoit, à travers les carreaux de son grenier ou de sa boutique, le ciel profond du Nouveau-Monde. Il est avec le vieux Trappeur contre la jeune Amérique, avec les vaincus contre l'envahisseur, pour le grand chef des Delawares contre le général en chef des Visages-Pâles.

Il rêve d'aller là-bas chasser le daim, manger la bosse de bison, faire la guerre du sauvage. Ce ne sont que chevaux détachés, rivières passées à la nage, pirogues de cuir, cachettes de feuillages, ruses de combat, chants de guerre!

Et vers le soir, comme dans la gravure, sur l'horizon

triste, il se détache dans sa hauteur, le menton appuyé sur le canon de sa carabine, le front mélancolique et l'œil rêveur !

Ah ! les plus sages y ont songé ! sur notre terre de loyers lourds, où l'on étouffe entre des murs malsains et des lois cruelles, où l'on vit de bêtise, où l'on meurt de faim, on se prend, sur la foi du livre, à désirer cette vie honnête, simple et grande, sous un ciel bleu, sans censeurs ni gendarmes !

WALTER-SCOTT.

Lui-même.
Que de jeunes têtes tournées par la *Dame du lac !* Après *Ivanhoe, Quentin Durward, le Sanglier des Ardennes.* Quel appétit de moyen âge ! — *Comme on aurait voulu vivre dans ce temps-là !...*

Il existe des familles entières qui ont fait leurs malles et pris le chemin de l'Écosse, sur les talons du romancier.

Ils ont, les braves gens, traversé au galop de leurs chaises de poste d'interminables lieues de brouillard, visité les filatures de Glascow et les boutiques d'High-Street à Édimbourg, et sont repartis tout écorchés par les notes d'hôtellerie et les banquettes de wagon, très dégoûtés du montagnard écossais....

D'autres, plus heureux, ont gardé leur illusion toute la vie et sont morts à cinquante ans, au fond d'une arrière-boutique, en murmurant : *Rowena Wodstoock*.

Quelques-uns chez qui le rêve s'est éteint dans un bon rhume ou une fluxion de poitrine prise au *lac d'Enghien* !

Peu dangereuses jusqu'ici, ces lectures qui transportent l'esprit dans un monde imaginaire ou mort, ces livres qui ont pour théâtre le moyen âge, l'océan, la forêt vierge.

C'est si loin !

Tout a marché sur des roulettes jusqu'à présent.

On est de première force aux armes : à la carabine, à l'épée, au chausson, à la course, à la lutte.

On s'y porte ! — Poitrines de fer, muscles de bronze, fronts de marbre !

Dieu sait pourtant si l'on boit, comme on mange !

Ce ne sont que festins et batailles.

Batailles d'où l'on sort toujours avec le sac ou la croix, une cargaison ou une épaulette. Les navires sombrent, la poudre parle, l'incendie éclate ; vous vous promenez là dedans comme l'homme du *Cirque* dans son brasier : on peut vous trouer, vous brûler, vous fendre ; allez-y ! — *puisqu'on sait qu'on en reviendra.*

De la légende.... des histoires de l'autre monde..... des victimes pour rire !

Mais voici que nous entrons dans la vie.

Nous allons saisir la manie toute chaude, couper tout frais le livre.

Entendez les passions qui grondent, l'ambition, l'amour, les vices qui grognent, l'ivrognerie, la débauche, l'ennui qui bâille, la haine qui hurle, les soldats qui passent!

II

Tout cela grouille, gronde et grogne, comme un troupeau d'esclaves.

Un volume a donné le *la*, in-16 ou in-8°.

René ou Antony, Werther ou Manfred, Mardoche ou Rubempré.

RENÉ.

Ah! qu'on me ramène aux Caraïbes!

Quel livre! et quelles victimes, ces victimes du *vague à l'âme*, ce chevalier du *Vide immense!* qui joue aux mélancolies creuses coupées de sourires blafards, de regards noyés, d'aboiements plaintifs!

Rien ne l'amuse, rien ne l'émeut; il bâille au nez de la vie qui passe.

Pauvre garçon! Il mange du bout des dents : — un désespéré n'a pas d'appétit, — le gigot est lourd aux mélancolies; mais la gastrite arrive. Il n'a plus faim, plus soif!

Il ne s'ennuie plus pour de rire, il *s'embête* pour tout de bon.

Ce farceur, qui la demandait *courte et bonne*, la mène bête et triste, et, un beau jour, il meurt de spleen et d'écœurement, dans son agonie tenant d'une main la main de René, de l'autre *le nez du père Aubry*.

Heureux encore si, le cœur troublé par les aveux arrachés à la triste et infortunée Amélie, il ne se sent pas tressaillir quand sa sœur l'embrasse, et ne se surprend pas à craindre que les caresses de l'espiègle et rieuse enfant ne cachent un amour criminel !

ANTONY.

Tous les chevaux s'emportent.... dans les livres. Vous sautez à leur tête, ils vous écrasent sous leurs pieds.

A partir de ce moment, on ne se rappelle plus rien... Quand on se réveille, on est *tout étonné* de se trouver dans une chambre éclairée d'un jour pâle, avec une comtesse qui vous embrasse.

C'est la grande dame de la voiture, la femme du vieux général en tournée, la veuve de Pondichéry.

Connu, l'enfant « *qui n'a pas eu de mère !* »

Mais, à partir d'Antony, l'enfant abandonné se

fâche ; il ne geint point, ne pleurniche plus — il sauve, il aime, il tue !

« Elle me résistait.... JE L'AI ASSASSINÉE ! »

Cri admirable, du reste, qu'on voudrait pousser rouge du sang d'Adèle, devant le mari, les gendarmes et le reste....

Dire cela et mourir !...

LORD BYRON.

Il a troublé aussi quelques âmes, celui-là ! il a dérangé quelques têtes ! Son ours apprivoisé, ses orgies dans la salle basse du château, sa vie, sa mort... Il y avait là, dans ce mélange de farces lugubres et d'actions glorieuses, de quoi faire tourner le sang aux vaillants et la tête aux faibles...

Les vaillants ? ils luttent, ils sont morts !

Les faibles ? Quand on fait un punch, ils soufflent les bougies ou tournent la lampe et font brûler des saletés dans des verres pour qu'on ait des faces de damné !

Ils boivent du cidre dans des crânes et mendient des os de squelettes pour faire des manches de couteau.

Devant le monde, les giaours ! ils crient au bon Dieu : « Foudroie-moi ! » Quand il tonne la nuit, ils cachent leur nez sous la couverture et font le signe de la croix. — Avec don Juan, ils rient des maris, des femmes, raillent la vertu, l'amour, et la première blonde qui passera va leur faire cracher le sang, pleurer tout ce qu'ils savent, donner tout ce qu'ils ont !

— Des provinciaux.

J'arrive à des victimes plus fraîches, toutes saignantes.

Voici les bourreaux :

A. DE MUSSET.

Ce qu'il a égaré de talents, ce grand poète, vous le savez ; ce qu'il a fait d'ivrognes, on l'ignore.

Il n'y a pas eu que des cœurs brûlés à cet incendie d'une âme, et de petits génies *flambés*, mais aussi des poumons fondus, des entrailles grillées...

On s'est grisé après Rolla, on a couru les cabarets et les maisons de filles après don Juan.

J'ai vu des garçons avaler de la bière qui les rendait bêtes, de l'absinthe qui les rendait fous, point par plaisir, parce qu'ils avaient soif, non ! mais parce que c'était déjà être poète que de boire ainsi ! — Très mécontents si la tête eût résisté ou si le cœur eût tenu bon !

Ceux qui avaient la chance de n'avoir pas de santé, dont l'estomac se révoltait aux premières gorgées, se vantaient d'ivresses et se flattaient d'indigestions qu'ils n'avaient point eues, prenant, au besoin, pour faire croire à l'orgie de la veille, l'air abruti du lendemain.

Après l'orgie à tant par tête, la débauche à cent sous l'heure, avec des filles qu'on aurait bien voulu rosser un peu comme le maître, mais qui, quand vous leviez la main, regardaient s'il y avait des gants...

Je me suis fait des ennemis de bien des poètes, pour n'avoir pas dit d'eux « qu'ils se soûlaient comme des brutes et qu'ils donnaient des coups aux femmes, » pour les avoir, au contraire, défendus naïvement, quand on en parlait. — On ne m'y prendra plus!

Les bien bâtis, les bien doués, ceux qui ne font là que jeter leur gourme, en reviennent; mais les demi-cerveaux y restent, éponges qui s'imbibent d'alcool et de fiel ou s'émiettent comme l'amadou.

Il y a au bout de cela le réchaud d'Escousse; le pistolet de Rolla ?... Pas même! On devient idiot ou l'on reste ivrogne; on a des tubercules dans les poumons et des tremblements dans les mains. Si l'on ne meurt pas, on engraisse, on n'a plus le front pâle, mais le nez rouge; et quand, par un jour de remords, on remonte ce fleuve de bière et de crachats où s'est noyée la vie, on ne se rappelle pas que la source est au bas de la page, au coin d'un vers.

C'est pourtant vrai. Ajoutons que le poète, ici, renchérissait, dit-on, sur ses héros.

Pauvre Musset! qui arrosait de feu sa blessure et donnait à boire au vautour! — Ils voulaient faire comme lui, ces gamins, et ils *buvaient pour oublier!*

comme s'ils avaient quelque chose à oublier, puisqu'ils n'avaient jamais rien appris ! — Et, fût-elle vraie cette théorie de la muse fouettée par la bière, des larmes *battues* par l'absinthe, encore faudrait-il, ce me semble, qu'on eût souffert à jeun et pleuré avant boire...

« *Voyez Musset !* » Ils vous fermaient la bouche avec ce mot.

Ils avaient toujours rencontré le poète, l'autre soir, dans une rue borgne, ivre et malade, cherchant le gros chiffre.

Ils mentaient ! Dans leur ivresse, et pour les besoins de la cause, ils voyaient des Musset partout. On m'en a bien montré une dizaine.

Il est mort sans que je l'aie vu.

Ce n'est plus l'absinthe de Musset, maintenant : c'est l'opium de Baudelaire. — Je croyais d'abord qu'ils se calomniaient, ces jeunes gens ; que de gaieté de cœur on ne se détruisait pas l'estomac, on ne se cassait pas le cerveau ; mais non, on en avale bel et bien dans les cafés de Montmartre et du quartier Latin ! Ils en mâchent pour dix sous, et ils en rendent pour cinq francs.

MURGER.

Je passe vite.

Tous ceux qui ont eu trente ans hier, ou les auront demain, ont chanté dans des chambres du quartier Latin le fameux refrain :

La jeunesse (*ter*) n'a qu'un temps !

Vous souvient-il de ce temps-là et de cette jeunesse — qu'on dépensait, faute de mieux, en compagnie de quelques pauvres filles qui en vivaient aussi de la bohème, en attendant qu'elles en mourussent : la pauvre Maria, Andrée la folle, et Fleurinette, si heureuse quand elle crachait le sang, comme Mimi?

Tristes, faut-il le dire maintenant, ces amours qui avaient faim ! — Triste toute cette vie de misère fiévreuse et d'insouciance fanfaronne : *vie d'été*, qu'il faut peut-être mener avant l'autre, la vie d'hiver ; mais qui ne doit avoir qu'une saison.

La jeunesse ! la jeunesse !

(*Musique de M. Artus.*)

On scandait encore le refrain qu'on n'en avait déjà plus ni l'air ni la chanson.

Que de temps perdu ! — Quoi de fait ? — Un dîner sur l'herbe dans un coin de toile, un bout d'idylle ou de sonnet, quelques iambes rougis au feu des émeutes, tout commencé, rien de fini... que la jeunesse ?

Le voici venir maintenant, derrière ces gens de printemps et de vers, cet homme en prose :

BALZAC.

Ah ! sous les pas de ce géant, que de consciences

écrasées, que de boue, que de sang ! Comme il a fait *travailler* les juges et pleurer les mères ?

Combien se sont perdus, ont *coulé*, qui agitaient au-dessus du bourbier où ils allaient mourir une page arrachée à quelque volume de la *Comédie humaine !*

Ceux-ci, avec Rastignac, du haut d'une mansarde ou debout sur le pont des Arts, ont montré le poing à la vie et crié au monde : *A nous deux !* jurant, sur le *Père Goriot* ou le volume à côté, de faire leur trou à coup d'épée — ou de couteau, prêts à jouer tout, et, pour forcer la porte, sauter dans l'arène, passant d'avance sur le ventre des hommes et le cœur des femmes.

Quelles femmes ? des drôlesses sentimentales qui vous jettent des places, des croix par les alcôves, vous font entrer dans leur boudoir devant le mari qui s'en va, et vous promènent à leurs bras à travers les salons, au théâtre, au bois, devant le monde qui salue !

On ne parle que par millions et par ambassades, là dedans ! Les hommes de lettres y font des vies ! les *attachés* s'en donnent !

La patrie tient entre les mains de quelques farceurs, canailles à faire plaisir, spirituels à faire peur, qui allument des volcans avec le feu de leur cigare et écrasent vertu, justice, honneur sous la semelle de leurs bottes vernies.

Il s'est trouvé des gens — des conscrits — pour prendre le roman à la lettre, qui ont cru qu'il y avait comme cela de par le monde un autre monde où les duchesses vous sautaient au cou, les rubans rouges à la boutonnière, où les millions tombaient tout ficelés et les grandeurs toutes rôties, et qu'il suffisait de ne croire à rien pour arriver à tout...

Monde de filous et d'entretenus.

Dans l'ombre, au second plan, la *Vieille fille*, les *Deux Frères*, les chefs-d'œuvre.

Au soleil, le sermon de Vautrin, coupé par le célèbre jet de salive ! Et les pauvres garçons d'en faire un évangile, crachant comme lui, en homme supérieur (voyez la page), au nez de la société, qui les a laissés s'embarrasser dans leurs ficelles et tomber — de ces chutes dont quelquefois on porte la marque sur l'épaule.

Les grands hommes de province à Paris ! — J'ai vu s'en aller un à un, fil par fil, leurs cheveux et leurs espérances, et le chagrin venir, quelquefois même le châtiment — en voiture jaune, au galop des gendarmes. Qu'on en a reconduit de brigade en brigade, de ces *Illusions perdues !*

Les plus heureux, je vous les nommerai un jour, jouent au La Palférine dans les escaliers de ministère, les antichambres de financiers, les cafés de gens de lettres, et font des mots, n'ayant pas pu faire autre chose. Ils attendent l'heure de l'absinthe, après avoir laissé passer celle du succès.

*
* *

Je m'arrête à Balzac.

Il résume la grandeur du livre et ses dangers.

J'aurais pu parler de Dumas, de madame Sand !

C'est assez d'Antony, et je ne veux pas passer en revue le régiment des Amazones.

La Bovary, Fanny, Lélia, le monde des amoureuses, *les Victimes d'amour !*

Je mets des points et je jette du blanc.

. . . .

Que chacun y loge ses souvenirs, et qu'on me dise s'il n'y avait pas du livre dans tout cela, — avant, pendant et après ?

Elles ont un livre pour exécuter toutes les trahisons, poétiser leurs crimes !

La courtisane a *Manon Lescaut*, Léonie Chéreau copie la *Dame aux Camélias*, Angélina Lemoine lit *Marion Delorme*. Madame Lafargue avait lu aussi !

Toutes les femmes qui ont un peu empoisonné leur mari, jeté au feu leur enfant : des victimes du livre !

Tout assassin en redingote, tout suicidé en blouse, victime du livre !

Et si je regarde plus haut, sur le théâtre de l'histoire, qu'y vois-je ? Derrière l'armée de Béotie s'avance la légion thébaine, noire de poudre...

Notre génération n'a pas été avare de son sang ! Sur la route où nous hésitons, a passé un peuple de courageux, et dans les cimetières qui bordent l'arène est couché un bataillon de martyrs.

Eh bien ! si l'on déterre les victimes — je mêle ici

les cadavres, gentilshommes ou plébéiens, républicains et royalistes, crânes cassés à la Pénissière ou à Saint-Merry — combien qui s'étaient jetés dans la mêlée, grisés par l'odeur chaude de certains livres, histoires de la Montagne ou de la Vendée, des *Girondins* ou de *Dix ans!* Esquiros ou Crétineau-Joly, Lamartine ou Louis Blanc !

Je les salue, ces morts qui rendirent leur âme avant leur épée ?

Je les plains — au lieu de les insulter — ceux qui vécurent pauvres et seuls, par delà la frontière, et ceux surtout qui sont restés là-bas, plus loin, de l'autre côté de l'Océan, jusqu'à l'heure des amnisties.

Mais, disons-le — non sans tristesse — chez quelques-uns de ces héros, l'amour des batailles l'emportait peut-être sur l'amour du bien ; on avait plus soif de poudre que de justice ; la tête *donnait* plus que le cœur.

Ah ! que n'ai-je le droit et le temps d'en parler ! Ce loisir, je l'aurai ; ce temps, je le prendrai. Mais dès à présent, je l'affirme, tous, presque tous, ces chercheurs de dangers, ces traîneurs de drapeaux, apôtres, tribuns, soldats, vainqueurs, vaincus, ces martyrs de l'histoire, ces bourreaux de la liberté : les VICTIMES DU LIVRE.

LE DIMANCHE

D'UN

JEUNE HOMME PAUVRE

OU

LE SEPTIÈME JOUR D'UN CONDAMNÉ

LE DIMANCHE
D'UN
JEUNE HOMME PAUVRE
OU
LE SEPTIÈME JOUR D'UN CONDAMNÉ

8 h. du matin.

Il fait grand jour; hier, l'on s'est couché tard. Les hommes de lettres font le samedi, comme les cordonniers le lundi,

Dans votre escalier, on court, on se heurte, on crie, on chante. C'est une suite de bonjours, d'embrassades et de gros rires. Dehors, c'est la chanson monotone et lourde qu'entonnent les cloches sur les églises.

Par la fenêtre arrive un jour pâle et mélancolique; le soleil est froid, son regard est triste, et le cœur se serre sans qu'on sache pourquoi.... On découvre une lacune dans son roman, une invraisemblance dans sa pièce, des trous à son pantalon; on n'a de courage à rien, on se sent pauvre, bête et lâche.

Les heures seront longues et tristes aujourd'hui. C'EST DIMANCHE!

Tenez! voici son parrain qui monte; le M. Dimanche de Molière, revu et considérablement corrigé par la société nouvelle. On ne le *roule* plus aujourd'hui; il n'est plus votre dupe, vous êtes sa victime; il vous faut tôt ou tard passer sous les fourches caudines de ce Samnite.

Cependant le créancier du septième jour n'est pas le même que le créancier de semaine. C'est souvent un compatriote qui, parce qu'il est de votre endroit, vous a fait à crédit un habit et un pantalon noir, costume de cérémonie que vous avez traîné dans toutes les brasseries et abreuvé de bière du Nord. Il vient donc, le dimanche, comme un ami après son travail, vous parler de ses petites affaires, de ses petits enfants, et vous montrer la *petite* note! Il vous prend par la pitié, pleure dans vos draps, vous offre vos effets, les brosse, et il ne faut pas moins pour le chasser que l'arrivée d'une visiteuse, que vous faites passer pour une marquise, votre maîtresse, en le faisant passer, lui... par une autre porte.

Il part, vous ouvrez; c'est la *blanchisseuse!* Cette femme — du monde qui savonne — vous apporte le linge hebdomadaire avec un papillon blanc taché de noir piqué au ventre d'une chemise. Vous connaissez l'insecte; il y en a une collection dans votre tiroir marquée en chiffres connus. Celui-ci est gros:

trois francs cinquante centimes. Vous avez vingt sous dans la poche de votre gilet : comment éloigner l'ennemi? En lui donnant à laver d'autre linge ou un ouvrage de vos amis — marqué trois francs, prix fort.

Et vous restez seul avec votre chemise! trop heureux encore! tant d'autres n'en ont pas! tel poète que je connais, par exemple, qui, quand il veut changer de linge, prend du papier et une plume, écrit sur le revers *Longueville*, et se passe cette guirlande au cou!

N'importe, vous êtes triste; tout cela n'est pas gai. A ce métier, l'esprit se gâte, le cœur se fane. Et alors qu'il faudrait, pour vous distraire des douloureuses rêveries, une chanson joyeuse à vos oreilles, l'éclat du rire entre des lèvres roses, sous votre fenêtre, dans la cour, une voix de femme pleure sur un ton nasillard quelque romance de Paul Henrion. On ne l'entend que ce jour-là. C'est le crapaud qui vient pousser sa plainte hebdomadaire, lâcher aussi sa *petite note*. C'est le *la* du dimanche.

On passe son paletot, on ouvre ses croisées. Aux fenêtres voisines, des hommes velus s'écorchent le poitrail avec des serviettes de toile jaune.

Car voici le grand jour de la *lessive* humaine.

Ce sont les artisans honnêtes qui essuient la poussière du travail, comme les soldats la poudre après la bataille.

On descend.

La rue a aujourd'hui une nouvelle physionomie. On ne se croirait plus dans son quartier, pas même dans son pays.

Au lieu des jeunes femmes en petit bonnet qui passent tous les matins, leur panier à ouvrage au bras, on n'aperçoit que demoiselles en chapeaux qui vont comme le diable. Tout le monde, du reste, marche vite à cette heure-là : les vieux, les jeunes, les hommes, les femmes et les Auvergnats. On court chez un ami, chez le coiffeur, chez la modiste, chez grand'papa, chez grand'maman... On dirait des morceaux d'un serpent coupé qui se cherchent.

Les morceaux mâles ont ce jour-là des couvre-chef achetés au : *Halte-là! ne passez pas sans lire!* Au bout de tous les bras s'étendent, comme des taches, des gants de laine ou de chevreau mort-né, au bout des gants des morceaux de bois qu'on appelle des cannes.

Le dimanche est le Mardi-Gras des cannes et des gants.

Des hommes qui paraissent avoir les reins cassés et qui jettent leurs jambes de droite et de gauche, comme s'ils n'en voulaient plus, promènent dans les rues des paquets enveloppés de serge noire, et cognent tous les passants. Ces déhanchés sont des tailleurs qui vont chez la pratique. C'est le dimanche qu'on étrenne les redingotes à ressource et les culottes à fond de bois.

Cependant, chez les charcutiers, des mères de famille en déshabillé et des enfants morveux vont soulever le couvercle en fer-blanc de la boîte aux saucisses, et piquent la fourchette dans les boyaux qu'on vend sous des noms divers à une population abrutie — ou bien on commande une *assiette assortie*, — de la cochonaille en alinéas. Le petit salé triomphe.

Sous les quais, on voit descendre des hommes à la mine grave, à l'œil rêveur, qui regardent avec mélancolie des vers se tordre dans du son. Ce sont les victimes de la pêche à la ligne, des Français qui, détournés par leurs occupations ordinaires de leur fatale passion, viennent, le jour du repos, s'y livrer avec fureur, et oublier sur le bord de l'eau, sous-chef, femme, enfants et patrie!

Là-haut, au milieu du chemin, deux rosses poitrinaires, traînent un fiacre taché de boue, dans lequel un Pierrot éreinté dort d'un sommeil pénible, sur l'épaule d'une catin *levée* la nuit au bal.

On se trouve seul au milieu de cette foule armée de cannes, de gants, de paquets et de lignes à ablettes; et l'on cherche dans son esprit quel camarade l'on pourrait bien aller voir pour égorger l'ennui. Les camarades, les amis, où sont-ils, ce jour-là? L'employé n'est pas à son bureau, un autre est chez son père, cet autre chez sa maîtresse; celui-ci déjeune aux Batignolles, celui-là cherche à déjeuner.

On va prendre ses *quatre de riz* ou ses *cinq de chocolat* à la crémerie habituelle. Ce ne sont plus les mêmes gens, les mêmes *petites ouvrières honnêtes* et.... autres, qui vous souriaient comme à un camarade de misère; les voisins de table à qui l'on retenait le *Siècle*..., la bonne est triste, le lait tourne.

Que faire? de la fausse monnaie? Pas d'outils. De l'argent? Où, chezqui, comment? Il n'y a pas 7 fr. 50 à emprunter dans Paris maintenant! Une culotte vous reste, un paletot gris, un gilet vert. Le mont-de-piété est là!

Insensé, ignorant! Le mont-de-piété est encore ouvert, mais ouvert aux heureux! On dégage jusqu'à midi : mais

ON N'ENGAGE PAS LE DIMANCHE!

Auriez-vous dans votre gousset une lettre de change sur M. Bapaume ou M. Mirès, vous ne toucherez pas plus l'une que l'autre. Banquiers, correspondants, tous ont fermé la caisse. La poste a changé ses heures, les courriers partent plus tard; les locomotives font leur dimanche.

Les sangsues même font relâche. Les marchands d'habits borgnes, ceux qui prêtent cinq francs sur le paletot d'hiver, et quarante sous sur *la grande*, ceux-là aussi ferment leur baraque. A travers le carreau cassé, qui porte un bandeau de papier sur l'œil, on voit bien trembler quelque guenille, on entend bien aussi quelque bruit dans le fond. Mais il est inutile de frapper, le prêteur n'ouvrirait pas; le vampire digère.

Midi.

Où donc porter ses pas et quels lieux visiter? (Ponsard.)

LA MORGUE.

Peut-être trouverait-on sur les dalles quelqu'un de sa connaissance, son bottier, par exemple. Ce spectacle jetterait un peu de gaieté dans l'âme. Mais non : ces gens-là ne meurent que quand on les a payés ! Il a encore longtemps à vivre.

LES CAFÉS.

Dans la semaine, on va faire un tour au café. Si l'on n'a pas d'argent, on a toujours un ami en face duquel on s'assied, comme si l'on avait une confidence solennelle à lui faire. Quand le garçon demande : Que faut-il servir à monsieur ? *Grog? demie?* On répond un : *Je m'en vais*, significatif. Le garçon, qui connaît ce genre de consommation, s'éloigne, et l'on reste deux heures à la table.

Mais c'est aujourd'hui une autre population qui envahit le local, ceux-là même qui ont des figures connues ont une autre tournure et d'autres airs de tête. Les consommateurs sont agités, bruyants. Ils jouent des parties de cartes interminables, ou remuent, comme un chapelet de vieilles dents, un jeu de dominos crasseux qu'ils font tourner avec frénésie en attendant le moment favorable pour passer leur double.

On se résigne donc. On pèse dans sa poche ce qui reste après déjeuner sur la pauvre pièce de vingt sous; on compte, on se décide, et l'on demande sa demi-tasse sans petit verre. On contemple avec tristesse le ventre jaune des carafons, qui ne se déboutonnent, hélas! que pour la somme de 20 centimes...

Cependant, autour de vous, des gaillards à la mine rose, en gilet long, en culottes courtes et en guêtres jaunes, s'arrosent le gosier avec une insolente générosité, et prodiguent les *consolations* à leurs glorias. Ce sont des laquais de bonne maison. Ils campent fièrement sur l'oreille leur melon de velours ou leur casquette aux tons luisants — le casque en cuir bouilli de la domesticité.

Vous cherchez les journaux. Tous sont en main. Un monsieur à lunettes jette le *Figaro* avec un air de dédain. Vous l'empoignez. Malheureux! tu l'as lu, relu, avec l'*Illustration*, le *Monde illustré*, le *Journal amusant* et tous les petits journaux ennuyeux, datés d'aujourd'hui, nés d'hier.

On se tourne alors mélancoliquement vers le billard. C'est bien autre chose! on y joue des parties à quatre; c'est une forêt de queues en délire. On regarde la règle, on fait rouler de petites boules en bois peint sur des tringles sales.

« Guâtre aux chaûnes, » dit un Alsacien.

« Chè moa qui a les noerrs, » mâche l'Auvergnat.

« Et moi, les rouzes, » dit le Marseillais.

Et tout ce monde-là vous flanque des coups de queue dans la tête, puis vous demande pardon en vous grattant vos bosses. — Et les cous de se tendre, les jambes de se lever ; ils suivent la bille des yeux, des reins, du derrière !

« Forcez, la blanche ! — Assez, la rouge ! — Collez-vous ! — Passe derrière. — Va toujours ! — Là !... très bien !... — Elle est masquée. — La grosse queue ! »

Pendant que les hommes jouent, les femmes font des canards et cherchent les images.

On se lève. Pour atteindre à son chapeau, il faut marcher sur des queues de chien, des têtes d'enfant, froisser les jupes, renverser les verres, et, par-dessus le marché, s'entendre appeler, à mi-voix : « Maladroit ! butor ! grand râpé ! » Vous mettez la main au bouton de la porte, une voix sinistre prononce votre nom. Vous vous retournez. C'est un créancier à vous qui prend une *cruche* avec un confrère. Il vous parle par-dessus la table : « Pensez-vous à moi ? Il y a bien longtemps que ça dure.... On ne me donne pas le cuir.... » Tout cela dit avec une discrétion hypocrite, de façon à ce que les voisins entendent et écartent leurs chaises en se signant. N'allez pas au café ce jour-là ; on n'y trouve que des domestiques, des esclaves et des créanciers.

Le dimanche, si triste pour l'homme libre, est le jour de fête des vaincus. C'est ce jour-là que les règlements ouvrent aux visiteurs les portes des hôpitaux et des prisons.

Ceux qu'ont jetés à Sainte-Pélagie les hasards de la politique, ceux qui expient dans le grand jardin triste de Clichy leurs folies de jeunesse, tous ces exilés de la vie militante attendent en frémissant les visites amies. Les cœurs battent dans la prison quand le pas du gardien préposé au parloir retentit dans la galerie. « Est-ce pour moi que l'on vient ? » se dit chacun en prêtant l'oreille. Et l'on reprend triste et découragé sa promenade solitaire, si c'est un autre nom qu'a prononcé la voix indifférente de l'homme à casquette étoilée d'argent.

Dans les hôpitaux, de pauvres garçons aux joues creuses, aux yeux éteints, viennent tendre à travers le guichet leurs mains que fait trembler la fièvre. Triste spectacle !

De ce côté la santé et la vie, mais l'inquiétude et la douleur.

De l'autre côté de la grille, dans l'antichambre de la mort, des casaques grises, et des bonnets de coton blanc qui ne font plus rire, je vous jure, et qui retombent en plis tristes sur des têtes pâlies.

Mais dans le monde où nous vivons, on ne va guère à l'hôpital que pour boire du vin ou pour mourir. Les vieux de la vieille et les vieux de la jeune le savent bien. L'amitié d'un interne vous ouvre pour quinze jours un réfectoire. Ce sont des relais de santé, où s'arrêtent chacun à leur tour les ambitieux qui courent la poste sur le chemin de la gloire. Pendant quinze jours, on déjeune et l'on dîne, on boit du sang de rosbif et de raisin, et l'on quitte le râtelier un peu plus gras, un peu plus fou, pour enfourcher de nouveau son dada et dévorer la route.

Pourquoi aller voir ceux-là? pourquoi aller voir les autres, ceux qui ne sont venus que pour mourir? Pendant dix ans, ils ont gardé suspendu un point d'interrogation dans leur estomac creux. Mangerai-je aujourd'hui? mangerai-je demain? Ils ont cru que la faim ne mordrait pas sur leur santé parce que la fièvre les soutenait, colorait leurs joues pâles, allumait leurs yeux noirs; ils ont ri au nez de la misère, et elle s'est vengée. Ils ne pourraient même plus se traîner jusqu'au parloir, et pour causer avec eux du temps passé, pour écouter leurs suprêmes paroles, le jour est mal choisi. Il faut au mourant qui murmure la sainte majesté du silence. Et dans ces salles si tranquilles va tout à l'heure entrer avec fracas une foule banale. Sur le parquet jaune vont se traîner, en le rayant, les souliers ferrés de l'ouvrier et les sabots du paysan ; triste refrain pour un *De Profundis*.

Il ne fait pas bon mourir le dimanche.

Les églises elles-mêmes n'ont plus l'aspect solennel du temple, où venaient s'agenouiller dans l'ombre les Madeleines. Il y a bien des coquettes et bien des indifférentes ; seule la Charité veille aux portes. Les dames quêteuses tendent de leur main blanche la bourse à glands d'acier ; je laisse tomber un sou dans l'aumônière. Le suisse, qui joue avec le fer de sa lance, me jette un regard de mépris.

En sortant de la messe, quelques femmes vêtues de noir se réunissent et prennent le chemin du cimetière ; elles vont pleurer sur des tombes, attacher à la grille du caveau ou à un bras de la croix noire une couronne d'immortelles. Seuls les morts dans la fosse commune dorment sans fleurs et sans prières.

2 heures.

Les maisons sont abandonnées, les magasins fermés, les portes closes. Tout Paris est dehors, et pourtant la plupart des rues sont vides. Ceux qui passent vont lentement et sans bruit, comme des gens qui suivent un enterrement. On dirait qu'un fléau a passé par là : la guerre ou le choléra.

Plus de camions roulant avec fracas sur le pavé, plus de charrettes se heurtant au coin des rues ! Elles dorment dans les chantiers, sous les hangars et dans les cours, les reins à terre, les bras en l'air, et, habitué que l'on est au gémissement des essieux, aux hennissements des chevaux, aux jurons des charretiers, on regarde avec tristesse rouler les petites voitures de place et les longs omnibus conduits par des cochers muets.

Le gamin de Paris, cette sauterelle de la rue, n'est pas là qui gambade entre les pieds des bêtes et les jambes des hommes, jetant au vent son coup de sifflet ou sa chanson. Le cri nasillard du marchand d'habits, la fanfare du fontainier, l'appel plaintif du Savoyard : morts, tous ces bruits, tous ces refrains ! La vie a disparu ; les vivants même ont l'air de n'avoir point d'âme.

Dans la semaine, on va, on vient, on se rencontre, on se bouscule, flâneur ou employé, riche ou pauvre, député, artiste, ouvrier, les paresseux et les vaillants, tous s'agitent, sortent d'ici, courent là-bas, cherchent ceci, cela, du pain, de la gloire, une femme, une rime, un million. Ils vont au bureau, au cours, au journal ou à l'atelier, chez le notaire, chez l'usurier.

Aujourd'hui, ils se promènent ! mot bête ! Tout Paris est sur les boulevards, rue de Rivoli, dans les jardins publics, aux Tuileries, aux Champs-Élysées. Le long des trottoirs et des allées, on voit descendre à petits pas une foule tranquille, émaillée de redingotes vertes et d'habits noirs, de bonnets en tulle et de capotes à plume ; de temps en temps, passe un polytechnicien, le manteau sur l'épaule, ou un élève de Saint-Cyr les mains dans son pantalon rouge, et ici, comme au café, comme partout, le môme abonde ; quelques-uns sont habillés en zouaves avec des culottes fendues par derrière.

Combien est triste et banal ce voyage à travers cette foule épaisse, où se pressent, se mêlent et se heurtent les acteurs en vacance de la grande comédie humaine ! Pas une figure ne se détache en traits heureux sur le fond terne du tableau. Hier samedi, avant-hier, tous les autres jours enfin, les visages reflétaient les âmes, la lèvre était plissée, le pas rapide, le geste vif, le front inquiet, l'œil ardent. Aujourd'hui, le masque est tombé ; on ne voit que des têtes banales sur des épaules bien couvertes ; sourires fades, airs béats. A demain, les affaires sérieuses, les physionomies éclairées au feu des passions sottes ou grandes, la cupidité, l'ambition, l'amour...

Dirai-je les fiacres pleins, les omnibus complets, les bureaux de tabac encombrés? Les chevaux sont sur les dents, les conducteurs n'entendent pas, il pleut des cigares d'un sou !

Sur les places, les saltimbanques tordent les reins à leurs enfants ; devant l'obélisque, des opticiens râpés enseignent des astronomies révolutionnaires et montrent la lune aux passants.

A travers cette foule, tortillent comme des serpents bruns des bandes de collégiens abrutis, conduits par un pion à barbe rouge, et précédés d'un domestique cagneux en habit de préfet à collet groseille. Deux ou trois petits mulâtres font tache dans la bande. Pauvres enfants ! pauvre homme ! plus à plaindre encore que moi !

Ils sont prisonniers, je suis libre !

Libre ?

Non, tu ne l'es pas, rôdeur au paletot chauve, au chapeau rougeâtre ! Tu passes triste, honteux, au milieu de ces promeneurs en toilette neuve; tu as peur de rencontrer l'ami riche, le protecteur puissant; tu n'oses regarder en face les belles créatures qui flânent par là, dans leur cuirasse de soie et de velours ! Tout le monde a l'air heureux ici, les braves gens et les filous, les élégants et les grotesques, les artistes et les notaires, les gandins aux fines moustaches et les souteneurs aux gros favoris, les impures célèbres et les ouvrières modestes, les pères de famille et les mères de louage; dans la poche du plus mince employé, du plus pauvre artisan, on entend tinter les pièces blanches qu'ils feront sauter sous la forme d'un lapin à la barrière ou d'une grisette au Casino; dans ta poche, à toi, qu'y a-t-il? Un manuscrit fripé des bords, avec un titre… qu'on n'escompte pas à la Banque…

Tous les plaisirs te sont défendus. Tu n'entreras même pas au café-concert, où des *fruits secs* du Conservatoire et de la rue Bréda écorchent Auber et Rossini : le patron se charge des consommateurs. Ne t'arrête pas bien longtemps : le *gérant* viendra te dire que tu presses trop sur la chaîne.

Il te reste Guignol, Polichinelle, les macarons, la balançoire; tu peux encore, en te ruinant, monter sur l'Arc de Triomphe, entrer dans la colonne Vendôme, te faire peser — pour voir de combien de livres on maigrit chaque année, *dans les lettres*.

L'AMOUR!

L'amour nous reste!

Mais le *jeune homme pauvre* a pour maîtresses les maîtresses de tout le monde ou la femme d'un autre.

Celles de tout le monde, elles vont où fleurit la demi-tasse, le dîner à trente-deux sous, le cheval de bois et le quadrille échevelé; elles vont aux poches enceintes.

La femme d'un autre, l'*épouse adultère*, elle est prise aujourd'hui: *il est là*. A Roger la semaine, au mari le dimanche.... C'est lui qui délace le corset de Fanny, ou bien, ce sont les enfants qu'on a amenés de l'école, pauvres petits êtres dont on est jaloux, et qui font à leur mère un rempart de leur innocence.... C'est encore la famille des grands parents, qui vous regarde comme un ennemi ; il vous vient presque des remords.

5 h. 40 m.

La foule remonte, les jardins publics se vident, les rues se repeuplent, les restaurants commencent à se remplir. Le patron étire les serviettes, essuie les carafes, presse le chef, gourmande l'*officier* — cet enfant de troupe de la cuisine.

Cependant, trois familles sont déjà installées. Une julienne ouvre la marche de Balthazar, deux purées croûtons lui succèdent, le rognon saute, le bourgeois frémit, l'orgie commence.

On voit à travers les carreaux l'homme et la femme qui feuillettent la carte, en s'interrogeant d'un air tragique. «A quoi avons-nous droit?» Tel est le premier cri qui s'échappe des deux bouches (1 potage, 3 plats au choix, un dessert pouvant se remplacer par un petit verre de vespétro (quel nom !), une demi-bouteille de Mâcon (!!) pouvant se remplacer par une bouteille et même deux, si l'on veut y mettre l'argent. Ils se consultent.... On les entend demander du faisan! Il y a donc des gens, au dix-neuvième siècle, après soixante ans de révolution, après les cas d'asphyxie signalés de toutes parts, qui viennent demander du faisan dans les restaurants à 32 sous ?

LE VER SOLITAIRE.

Si aveugles que soient les potages, si faisandé que paraisse le faisan, la vue des plats qui passent met le ventre de belle humeur, les grosses dents se rejoignent, l'estomac tressaille. Le ver solitaire se démène. Tout homme de lettres porte en lui de douze à quinze mètres de ver solitaire. Il ne rend le dernier centimètre que le jour où il est arrivé. Les bonnes femmes nourrissent le leur avec du lait, nous tuons le nôtre avec de l'encre.

On songe donc à faire comme tout le monde, à dîner ! On se dirige machinalement du côté de l'hôtel, vers la *pension*.

Point de lumière ; le silence ! Un frisson vous court dans le ventre... C'est le *lasciate ogni speranza* du Dante.... c'est le règlement de la table d'hôte.

On ne dîne pas le dimanche !

Reste l'ami calicot ou pion qui vous a donné rendez-vous sous l'Odéon à sept heures pour passer la soirée ensemble en prenant *quelque chose*. — Les esclaves ont toujours de l'argent dans leurs bottes. —

Il vous offrira, au lieu de gloria, le petit pain et la saucisse, l'implacable saucisse ! On ne connaît pas assez à notre époque, l'influence du cochon en littérature. Je connais des hommes de lettres maintenant en route pour l'Académie, qui ont mangé un kilomètre de boudins pendant les années difficiles du noviciat.

Quelques-uns qui, ne pouvant tenir à la peine, sont descendus des hauteurs du Parnasse et du quartier Latin pour entrer comme employés dans un bureau, une étude ou un magasin, se prennent parfois à regretter ce temps d'émotions salées. Ils ont la nostalgie de la saucisse.

Il en est d'autres, au contraire, dont ce régime a perverti les idées, les sentiments, l'estomac. La charcuterie me fait peur, me disait une ancienne victime du boudin littéraire, j'aimerais mieux les garder qu'en manger encore !

On se promène donc de long en long. Les trois boutiques de libraires sont fermées. Seuls, deux élèves de l'École normale et un homme en chapeau pointu lisent les feuilles du soir chez le père Brasseur, le marchand de journaux. Les pas résonnent sur les dalles comme dans les corridors d'un château où il y a encore des revenants. Ici, les revenants se tiennent au bout des galeries, entre des barrières. Des sergents de ville sont là qui les empêchent d'agiter leurs chaînes. Ces ombres attendent que sept heures et demie sonnent à l'horloge du monastère pour aller se perdre dans les Catacombes. Il y aura ce soir tragédie : on donne *Britannicus*.

Vous, pourtant, vous attendez, l'estomac dans les jambes, la tête en feu ! Mais la saucisse ne vient pas : les boyaux grognent, le cœur se serre ! le cœur, le vrai malade. Dans ce duel avec la faim, ce n'est pas l'estomac qui souffre, c'est l'âme. Mille maux pour un sont plus douloureux ; une migraine, un lombago, une coupure au doigt. Mais il y a dans le spectacle de son impuissance je ne sais quoi de cruel et de sombre qui pousse à la révolte, le pouls bat moins fort que le cœur.

Voilà ce que c'est qu'avoir faim dans le pays des orgueilleux !

*
* *

Alors on s'en va rôdant à travers les rues, et, par une ironie féroce du hasard, on passe devant les cuisines sérieuses des Foyots, des Janodets... On est pris à la gorge par le parfum des sauces, on s'arrête, l'œil hagard, devant les bassins factices où se crispe dans le jet d'eau l'écrevisse, ce cardinal du ruisseau.

Dans l'intérieur, les cuisiniers vêtus de blanc, comme les sacrificateurs des temps antiques, taquinent le brasier, font voler les couvercles, passent au fil de la broche les perdrix rondelettes, au ventre azuré par les truffes, et les gigots à la Rubens qui pleurent à chaudes larmes dans la lèchefrite... l'oignon siffle, le beurre chante...

Dehors, il fait froid, il fait faim.

Et ces canailles de marmitons qui trempent leur doigt dans la sauce, et se le sucent jusqu'à l'épaule !

LE REPAS DU PHILISTIN.

Il y a bien par là-bas, bien loin, dans la rue des Jeûneurs, une famille du pays qui soupe à huit heures, chez laquelle votre couvert est mis les dimanches et jours fériés, mais la mère est hydropique, la fille à peu près hydrocéphale, le père presque hydrophobe. Il mordrait volontiers aux jambes quiconque parle peinture, théâtre ou roman. On n'y va pas sans muselière.

9 heures.

Où tuer le temps? quels refuges nous restent?

LA BRASSERIE.

Elle est pleine de monde et elle est vide, on y trouve deux cents consommateurs, et l'on n'y rencontre personne. Les uns courent le guilledou, d'autres mangent le gigot à l'ail au sein de la famille, quelques-uns dînent chez un camarade frais marié, qui a dit adieu à la vie d'aventures, et met le pot au feu tous les dimanches. Que Dieu fasse bouillir la marmite !

LE RETOUR.

On revient machinalement vers son quartier. Les rues paraissaient tristes à midi. Qu'est-ce donc à cette heure ?

Tout est clos : c'est la nuit, c'est la mort.

Ces magasins, où hier se heurtaient des légions d'employés, où le luxe étalait ses merveilles dans des flots de lumière, ils sont vides, rangés comme des cercueils le long de la voie Appienne. On a éteint le gaz, fermé la porte, *soufflé la chandelle*. Et les passants vont tâtant les murailles, dérangeant les ivrognes, effarouchant les couples qui s'embrassent sous les portes cochères...

Quelques maisons sont encore ouvertes.

LES ÉPICERIES.

Mais l'épicier n'est plus l'être béat et vil que vous connaissez. C'est la fête dans la salle du fond. On dîne avec le frère et le beau-frère ; le patron, la patronne, et jusqu'à M. Théodore, le garçon au nez violet, tout le monde joue aux cartes autour de la table ronde. Ils ne viennent que quand on connaît l'atout, vous servent en grognant, encaissent sans remercier, et replongent dans l'arrière-boutique.

LES CHANGEURS.

Mais les pièces de cent sous ne dansent pas dans la balance, les billets de banque ne crient pas sous l'ongle ; à peine de temps en temps un Anglais funèbre tourne le bouton de la porte et réveille les louis endormis dans l'écuelle.

Sont encore ouverts les pharmaciens, les herboristes, les marchands de fromage et les charbonniers !

LES CHARBONNIERS.

Existence étrange que celle-là ! on a fait comme un trou au bas d'une maison. Le charbonnier est venu qui a apporté là sa bascule, quatre poids de quarante, quelques cadavres de hêtres coupés en morceaux, sur lesquels il s'acharne, comme un assassin en chambre sur sa victime, à coups de hache, à coups de scie ; il fend le bois, le taille, le rogne, et il le pèse : 13 sous le cotret, 2 fr. 50 c. les 100 livres.

Puis il fait venir le charbon, ce bois de couleur ; il se jette sur lui, le décharge, le met en tas, et à grands coups de pioche il fend le crâne aux pierres noires comme des têtes de nègres déterrés ou d'ours bruns; la cervelle vole en éclats et inonde de ses débris les mains et le visage du charbonnier. Et ainsi de la charbonnière! Ainsi des petits *carbonari*, qui font là-dessus leurs dents, leurs prières et leurs ordures. L'eau est bien là pour laver les flots de poussière; l'eau, ils la vendent — comme le feu — et ils achètent de la terre. Ils vivent de cette façon dans leur antre, exilés, sous la cuirasse noire, n'ôtant jamais leur masque, pas même le dimanche!

LES MARCHANDS DE FROMAGE.

Passons, passons.

MYSTÈRES!

Derrière des vitres crasseuses, quelques bocaux sales, remplis de poudres blanchâtres; sur les autres rayons, des pompes foulantes à bec de héron à l'usage du corps humain, des bandages en cuir de gendarme, et des porte-monnaie cousus de fil blanc.

Sur les lettres de l'enseigne, au-dessus de la porte, pendent comme des cheveux jaunes, des bouquets d'herbe sèche, des bouchons de paille: de chaque côté, en boucles d'oreilles, des chapelets de pavots. Il y a de tout, des éponges qui donnent soif rien qu'à les voir, des pots de pommade, des feuilles de nénuphar, des brosses pour les souliers et pour le ventre, et du chiendent — sous toutes les formes, pour frotter le velours et pour laver les entrailles. Sur le carreau du milieu, une larme verte, et au-dessus cette inscription mystérieuse :

HERBORISTERIE ET SANGSUES.

Ils ne ferment jamais, jamais ! Et pourtant on ne se rappelle pas avoir vu entrer là dedans un être humain. On n'y fait pas de bruit, on y brûle de la chandelle.

Ouvertes encore

LES PHARMACIES.

Ces herboristeries du grand monde, avec leurs bocaux verts, leur odeur fade et rance, leurs serpents dans l'esprit de vin, leurs fœtus confits.

LES PARADIS PROFANES.

Le vice ne fait jamais relâche : les filles perdues traînent leur uniforme dans la boue ; et, au seuil des allées noires, pendent des tabliers blancs sur le ventre des matrones ; c'est le drapeau du régiment.

. . . .
. . . .
. . . .

10 h. du soir, hôtel de l'Étoile, chambre 19.

Il fait sombre, il fait triste !

Hier, on était troublé par le bruit ; on l'est aujourd'hui par le silence. Rien que la voix des horloges qui se répondent d'une tour à l'autre ! Les autres jours on tend l'oreille, on compte les coups ; elles sonnent l'heure du travail ou du plaisir, marquent un accident, rappellent une promesse ou un devoir.

En ce moment, ces heures qui tombent une à une vous disent seulement que vous vieillissez, triste et inconnu, trouvant les journées longues, les années courtes !

On se prend à songer aux dimanches des jeunes années, aux bons dimanches de province qui passaient si vite, ceux-là ! Et dans cette solitude muette, en ce jour de trêve, où la voix du péril n'est point couverte par le bruit du combat, la fièvre tombe, le cœur s'en va...

La mansarde est triste comme la cellule d'un captif ou comme la chambre d'un exilé.

On se couche, et l'on ne dort pas ; on se met à table, et l'on fait de pauvre besogne.

Si cette page vous a paru chagrine et bête, pardonnez-moi.

Je l'ai écrite un dimanche.

LE BACHELIER GÉANT

LE BACHELIER GÉANT

I

C'était le dernier jour de la fête à Montmartre. J'entendis un pître enrhumé aboyer sur les tréteaux d'une baraque, en frappant du bout d'un jonc sale sur la poitrine d'un géant peint à l'huile, autour duquel se pressaient, dans le tableau, des duchesses bleues et des diplomates cerise.

J'entrai, j'entre toujours : j'ai eu de tout temps l'amour du *monstre*. Il est peu de têtes d'aztèque ou d'hydrocéphale, de cyclope ou d'Argus, plate ou carrée, en gourde ou en table de jeu, que je n'aie tâtée, mesurée, sur laquelle je n'aie fait toc toc, pour savoir ce qu'il y avait dedans.

Je suis descendu jusqu'aux nains, et j'ai fait le tour des colosses ; j'ai serré dans mes bras des gens qui n'en avaient pas et d'autres qui en avaient trop, j'ai gagné au loto des hommes à patte de homard, et j'ai fait retoucher par des rapins de mes amis des sauvages des mers du Sud.

Non que j'aime l'horrible, ! mais je voulais savoir ce que Dieu avait laissé d'âme dans ces corps mal faits, ce qu'il pouvait tenir d'HOMME dans un monstre.

Je me demandais comment vivaient ces exceptions étranges, ces vestales mâles et femelles de la difformité, et, pour le savoir, que de fois j'ai remonté l'escalier vermoulu qui est à la queue des *caravanes*, et qui me transportait, en six marches, de la vie réelle dans la vie affreuse, peuplée d'étonnements comiques et d'êtres sans nom !

Le théâtre était pauvre ici, il consistait en quelques planches posées sur des soliveaux pourris ; le vent faisait claquer les murs de toile, et la pluie passait à travers le *velum* taillé dans le ventre d'un vieux matelas.

Mais les acteurs excitèrent au premier coup-d'œil ma curiosité. Ils n'étaient que trois cependant qui arrivèrent à tour de rôle : le pître qui, d'une voix grêle, chanta la *Belle Bourbonnaise*, ce sonnet d'Arvers de la banque ; une femme aux yeux doux, aux bras durs, qui fit voltiger, dans ses mains encore blanches, un essieu de charrette ; enfin, et *pour avoir l'honneur de vous remercier*, un géant.

C'était un garçon superbe, de trente-deux à trente-cinq ans, à la figure brune et triste, mais qui portait, non sans grâce, son uniforme de général.

Il commença son boniment, nous raconta où il était né ; puis, tout d'un coup, changeant de ton :

« J'ai fait mes classes, dit-il ; je parle cinq langues, je suis bachelier. »

Il y eut un mouvement dans l'auditoire, composé de sept ou huit oisifs, ouvriers, militaires, bonnes d'enfants.

Il continua :

« Si ces messieurs veulent bien me faire l'honneur de m'interroger, anglais, italien, grec, latin, français, je réponds dans toutes les langues. »

Et le pitre s'avançant alors sur la scène :

« Langues vivantes, langues mortes ! allez-y, vous, là-bas, le monsieur au livre. »

C'est à moi que cette phrase s'adressait. J'avais je ne sais plus quel volume sous le bras ; la foule me regardait en ricanant, et j'étais humilié par le géant.

Ma curiosité et mon amour-propre s'en mêlèrent, et j'entamai un siège en règle contre le soi-disant bachelier. Des langues vivantes, je n'en parlai point, les saltimbanques les apprennent en voyageant, mais je le poussai sur les langues mortes, et je me retirai, je l'avoue, du combat, meurtri, vaincu ! Il savait par cœur l'Énéide, et aurait traduit Pindare à livre ouvert.

Le public s'amusa beaucoup de ma confusion, donna ses deux sous et sortit ; je restai.

Le phénomène vint au-devant de mes questions, et descendant de son théâtre après avoir accroché son claque à plumet tricolore à une patère — près du ciel :

« Vous vous demandez, monsieur, comment il se fait qu'on soit géant quand on est bachelier, et qu'on sache si bien le grec dans une baraque. Vous cherchez quelle est cette histoire, je vous la raconterai si vous voulez. Venez ce soir, boulevard des Amandiers, à l'hôtel du *Chien savant* ; attendez-moi dans le café d'en bas, à onze heures j'arriverai.

La grosse caisse fit boum, boum, boum ! à ce moment.

« C'est la parade qui finit, dit le géant ; je vais remonter sur mon trône. A ce soir donc, et surtout, ajouta-t-il tout bas, n'en parlez pas. »

Je remontai ; le pître, sur les tréteaux, lutinait la femme hercule, et il l'embrassa tout d'un coup, presque sur la bouche, en faisant chanter ses lèvres.

Alors, à travers la toile fendue, je vis se relever le rideau du théâtre, et le géant passer sa tête pâle comme celle d'un mort.

J'allai le soir à l'hôtel du *Chien savant*, le géant ne se fit point attendre ; il avait troqué son chapeau à claque contre une casquette de velours usé, et jeté un paletot déguenillé sur sa culotte rouge.

« Montons, dit-il, si vous voulez ; ma chambre est en haut, sous les toits, nous y serons plus seuls, et je pourrai causer. »

Je le suivis, et nous entrâmes dans une chambre propre, au bout d'un escalier boueux, au cinquième étage. Il se baissa pour passer sous la porte, se tint plié en deux jusqu'à ce qu'il fût assis, et il alluma la chandelle.

Je jetai un coup d'œil autour de la chambre : rien n'y sentait le saltimbanque ; sur les rayons d'une petite bibliothèque en bois blanc reposaient quelques livres soutachés d'or, teintés de bleu ou ornés de palmes qui se croisaient, avec des rubans verts ou roses pour marquer les pages.

« Ce sont mes prix d'école et de collège ! dit le géant. Voulez-vous voir mon diplôme ? »

Il ouvrit un tiroir, mais, en cherchant, il mit à jour un médaillon qu'il repoussa brusquement sous les papiers.

Je ne pus voir quel était le visage, mais il avait deviné mon geste.

« C'est elle, dit-il, la femme hercule, celle de la baraque, que Bêtinet embrassait si bien ce matin.

« Et maintenant, voici mon histoire, je vais vous la dire : Prenez, je vous en prie, vos aises, et écoutez-moi jusqu'à ce que je vous ennuie. Cela me fera plaisir, d'ailleurs, de causer avec un homme qui n'a qu'une tête. »

Je portai machinalement la main à cette tête pour voir si elle était seule ; le géant sourit et commença.

Je vous dis, dans mon boniment, que je suis né

sur le point le plus élevé des Alpes, d'un père nabot et d'une mère miscroscopique, que nous sommes sept dans la famille, et que je suis le plus petit des sept. La vérité est que je suis né dans la Corrèze, je n'ai pas de frères, et mes parents ne sont pas des monstres.

J'ai fait mes classes au séminaire, passé mon baccalauréat à Toulouse, la conscription dans mon village. Huit jours avant de plonger la main dans le sac aux numéros, j'avais signé, pour échapper à la caserne, un engagement universitaire de dix ans; je préférais être pion dans un collège que tambour-major dans une armée. Bien m'en avait pris; je tirai le n° 11, dit les deux flûtes, ou les jambes de M. le maire, qu'on n'appelle plus maintenant dans la commune que les échasses du géant.

Le lendemain même, je fus installé au collège où l'on me donna à faire l'étude des *petits*.

Pauvres moutards, quand ils virent entrer dans la salle basse, empestée d'encre, ce grand diable qui n'en finissait plus, il y eut un frisson d'effroi; ce fut l'affaire de quelques jours. A peine une semaine s'était écoulée que déjà ils ne me craignaient plus, et, comme autorité, je n'allais pas, moi, le Goliath, au genou d'un maigre avorton qui n'avait pas cinq pieds, ne pesait pas deux onces, et, d'un geste, faisait rentrer sous terre les révoltés.

Ils se moquèrent tant de moi, mirent tant de crin dans mon lit et de poix sur ma chaise qu'on me tira de là pour me donner une classe à faire. C'était de l'avancement; je le devais, comme cela arrive souvent, à mon incapacité et beaucoup aussi à la protection du vicaire général qui me savait gré de n'avoir pas porté dans les ordres ma taille compromettante. J'aurais fait rire du bon Dieu en donnant la bénédiction, et puis je n'aurais pas tenu dans les confessionnaux.

C'est à peine si je tenais dans le collège, je me cognais la tête en entrant dans les classes, je crevais les plafonds, je heurtais les lampes, on ne voyait que moi dans les cérémonies; le principal était jaloux.

Je vivais pourtant assez heureux, trouvant moyen encore d'envoyer à ma mère quelques économies, me rendant utile, recroquevillé dans ma modestie. Quand les chefs venaient, je me baissais. Pour qu'ils n'eussent pas trop à lever la tête, je laissais traîner la mienne, je me mettais en quatre, me pliais en deux; on se moquait de moi, je laissais faire. Quand la plaisanterie était passée, je me relevais; j'étais censé n'avoir pas entendu de si haut; les petits s'en donnaient à cœur joie. C'est comme cela partout, dans l'université, le gouvernement ou la banque.

J'ai toujours vu les nains tourmenter les géants.

Ces moqueries de collègues ou d'élèves ne me chagrinaient point, et parfois même m'amusaient. Mais quand, par hasard, quelque petite fille ou une jeune femme me montrait du doigt en murmurant : « *Ils sont deux, son frère est dessous.* — *C'est un pari.* — *Il est en bois.* — *Jean l'Araignoir!...* »

Ces mots comiques m'étouffaient, mon cœur se serrait, et je l'ai toujours eu trop gros pour ma taille.

Pourtant ma jeunesse criait dans mon corps si long; la solitude m'était lourde, la nuit je faisais des rêves d'amour — mélancolique qui étouffait dans une peau d'Hercule.

Il me vint une idée un jour; je demandai en mariage la fille d'un collègue chez qui l'on mangeait plus de pommes de terre bouillies que de rosbif, et les répétitions s'y payaient en fromages. J'avais mis un pantalon assez long et apporté le compte de mes économies. La jeune fille me rit au nez et je sortis à reculons en laissant de mes cheveux au plafond et sur le dessus des portes.

C'était la première démarche, ce fut la dernière, et je rentrai silencieux dans mon obscurité. Il m'arriva quelques épîtres, des lettres qui sentaient l'ambre gris me donnèrent des rendez-vous. J'y allai tremblant, j'en revins honteux. On m'appelait comme on appelle un monstre, on voulait voir comment était fait un géant. Une ou deux fois on me rappela, je n'y retournai point, et j'attendis qu'un accident me diminuât ou que je fusse voûté par le chagrin.

Ah! bien des fois, quand je faisais prendre l'air à mes six pieds cinq pouces, le soir, sous les vieux marronniers, l'homme parlait, le géant faisait relâche, et redressant ma grande taille, je levais les bras au ciel. Mon ombre se détachait immense aux rayons de la lune sur le sable jaune, et allait faire peur aux couples qui parlaient bas sous les grands arbres.

Les sentinelles s'arrêtaient dans leur promenade nocturne et disaient :

« C'est le tambour-major qui a bu. »

Pauvre tambour-major! on prenait mes blasphèmes pour ses jurons, et mes folies pour ses ivresses. Il dit un jour à la cantine qu'il allait me défendre de me promener, et qu'il ne voulait pas passer pour un pochard parce que j'étais un imbécile.

Mon existence s'écoulait ainsi : il y avait des soirs de résignation et des soirs de tristesse. C'est par un de ceux-là que j'entendis un grand bruit dans la rue et que je mis la tête à la fenêtre.

A ce moment aussi Dieu décida de ma vie. A-t-il été cruel ou bon? je ne sais. Je dois à ce hasard de n'être plus un homme, mais une curiosité ; certes, c'est triste. Mais si j'ai eu de terribles souffrances, j'ai eu aussi des moments heureux, et tout monstre que je suis, je ne donnerais pas mes douleurs pour les bonheurs des autres.

C'était une troupe de saltimbanques qui faisait le tour de la ville, annonçant, à son de trombone et de caisse, qu'ils donneraient le lendemain et les jours suivants des représentations sur la grande place du marché.

Trois Allemands aux lèvres bouffies, aux yeux doux, en redingote olive et en casquette verte, soufflaient, en balançant la tête, dans le cuivre et le bois; mais tout à coup tous s'en mêlèrent : la petite caisse battit aux champs, les cymbales faillirent se fendre, la clarinette mordit jusqu'au sang le nez de son instrument, le trombone jeta au vent du jour des couacs sauvages.

La directrice de la troupe parut.

Elle acheva le boniment du paillasse, fit l'éloge de toute sa troupe, la troupe de madame ROSITA FERRANI! et promit qu'elle ferait tous ses efforts pour mériter les applaudissements du public.

Je l'écoutai plus étonné qu'ému; mais quand, son discours fini, elle se mit à danser en s'accompagnant des castagnettes, la taille prise dans son spencer de velours noir collant, les seins gonflés et les bras nus, sourire aux lèvres, cheveux au vent, mon sang ne fit qu'un tour; il courut sur mon front une bouffée d'air chaud, ma poitrine s'élargit, et tout mon être tressaillit dans sa longueur devant cette statue vivante de la volupté et de la jeunesse.

Je voyais passer et luire, comme en un tourbillon, le jupon étoilé d'argent, le diadème aux perles bleues, les rubans verts, l'écharpe rouge, et mon cœur battait au bruit que faisaient à ses poignets blancs les grelots de ses bracelets.

Enfin elle s'arrêta, haletante et superbe, la chair jaillissant du maillot, faisant craquer le bas et le corsage, le buste flottant sur la hanche en relief, et pâle d'une pâleur douce faite de fatigue et d'orgueil.

Distraite, elle arrêta ses yeux sur moi et considéra mes six pieds cinq pouces d'un air étonné. Je détournai mon regard du sien, et je m'éloignai, tandis qu'elle montrait à son pître et ses musiciens ce grand fantôme qui fuyait.

Mais le lendemain j'étais là quand, avant la classe du soir, la représentation commença. Je revins le surlendemain et les jours suivants, et chaque fois elle me regardait, chaque fois je disparaissais, honteux et plus malade, faisant crier le groupe que je dérangeais en partant. J'allais rôder dans la campagne, ma classe finie, et j'avais la fièvre dans le cœur et le feu dans la tête : on dit pourtant qu'il fait frais sur les cimes!

Le hasard s'en mêla : peut-être dois-je dire que je l'aidai un peu. Un jour, après la retraite battue, je me trouvai, au détour d'un vieux mur, en face d'une grande voiture peinte en jaune : c'était la maison des saltimbanques. On avait vu ma tête par-dessus le mur, et Fouille-au-Pot, le paillasse, avait averti Rosita.

Je diminuai d'un pied en la voyant tout d'un coup en face de moi, et je devins rouge comme le caleçon du pître. J'étais venu là poussé par le désir aveugle, n'ayant pas conscience de ce que je faisais, sans avoir préparé une entrée, une excuse, et je ne savais plus comment expliquer ma présence, si je devais rester ou fuir. Mais elle, souriante, combla l'abîme, me reconnut ; Fouille-au-Pot jeta, comme un pont, un calembour salé, la glace se fondit et nous parlâmes.

J'inventai que j'avais un livre à faire sur les saltimbanques, j'ajoutai que, grâce à ma taille, j'étais un peu des leurs, et que tous ceux qui avaient traversé la ville avaient eu ma visite dans la coulisse, que je voulais mettre aussi la troupe Rosita dans mes mystères de la baraque...

J'étais un curieux et un phénomène ; on sourit, Fouille-au-Pot me mesura, et Rosita me fit voir dans un petit journal illustré d'une grande ville du Midi son portrait avec un bout de biographie. En lisant son éloge fait par un autre, je fus jaloux.

Je promis que je reviendrais, et, en effet, tous les soirs, quand le soleil était tombé, je me glissais du côté du Chemin-Vert, où était la caravane, et sous prétexte d'histoires comiques à écouter et de notes à prendre, je restais là. Rosita venait : toujours coquette, ayant gardé de son costume de zingara un bijou faux, une fleur fanée, un bout d'écharpe : elle racontait ses voyages, je disais mes misères ; je lui apportais des vers quelquefois, elle y mettait un air, les chantait en dansant ; quand elle avait fini, retombant essoufflée dans mes bras, puis m'échappant joyeuse. Je n'osais la poursuivre, et mon corps immense se débattait dans l'angoisse du désir. Mais jamais, alors même qu'elle irritait mon amour par ses familiarités terribles et ses caresses de hasard, elle ne laissait supposer qu'elle eût compris, et elle éteignait l'incendie dans un éclat de rire.

Quelle était-elle, cette femme à la voix tendre et aux yeux doux, qui vivait la vie d'aventures, par les grands chemins, en compagnie de paillasses obscènes, de lutteurs aimés des catins, et qui poussait devant elle, sans broncher, ce troupeau d'hommes et de monstres?

Elle était veuve, me dit-elle; son mari, un *Alcide du Nord*, s'était tué dans un exercice, trois mois avant, dans un village de Hollande; elle avait ramassé les débris de sa mince fortune et organisé la troupe qu'elle avait composée d'un cheval savant, du paillasse Fouille-au-Pot, un vieil ami de son mari, et d'un homme-serpent qui se disloquait. Elle dansait, soulevait les poids, jouait la pantomime et se désossait au besoin.

Elle prétendait n'être entrée qu'à vingt ans dans la banque, parce que l'ouvrage — ils étaient canuts de Lyon — leur avait manqué, et que le mari avait trouvé du pain en soulevant du fer. Il avait emprunté un essieu, pris dans un chantier une pierre, et, après avoir obtenu la permission, il était venu sur la place jongler avec les quintaux; on ne s'était plus couché, le ventre vide, et puisque le travail honnête avait trahi leurs forces, ils demandaient à ce travail sans nom de quoi vivre : la banque était plus généreuse que l'atelier.

Voilà tout ce que je savais de sa vie et tout ce qu'elle voulut m'en conter. Peu importait, hélas! Il y eût eu à son front ou ses mains de la boue ou du sang, je l'aurais peut-être insultée, méprisée, maudite, mais je l'aimais, et je lui aurais tout pardonné. J'aimais cette voix restée pure et ces yeux restés tendres, dans cette atmosphère viciée, et ces semblants de naïveté sous ses oripeaux de saltimbanque. J'adorais sa naïveté ou son hypocrisie.

Le contraste était singulier : je crus avoir affaire à une Marion Delorme ou une Manon Lescaut, et je logeai dans cette poitrine d'aventurière, sous ce maillot jaune, un cœur de femme aimante, que je voulus faire battre à mon profit, sans songer que, sur ce chemin, après avoir été Didier, on peut devenir Desgrieux.

Elle est moins rare pourtant qu'on ne pense, cette honnêteté des femmes dans les baraques, sur les champs de foire. Ce qui me séduisait chez Rosita, je le rencontrai vingt fois sur mon chemin. C'est un préjugé qui voue à la corde et au vice cette famille de voyageurs ; ils subissent le sort éternel des vagabonds, dans l'histoire du monde : on accuse toujours du crime ceux qui sont passés.

Mais, dans le monde des saltimbanques, on est vertueux comme ailleurs, et, croyez-moi, j'ai vu des femmes qui, sur la place, faisaient le grand écart, n'en pas commettre le plus mince dans la coulisse, et être des prodiges de pudeur dans la vie privée.

Toujours est-il que Rosita ne semblait point comprendre, et moi je n'osais avouer.

Cependant je maigrissais à vue d'œil : mes yeux, où montait le sang, luisaient sous mon front pâle, comme au bout de la gaule immense des allumeurs la flamme rouge de la lanterne, et avec mes habits, flottant sur mon corps lâche, j'avais l'air, dans la plaine, le soir, d'un épouvantail pour les oiseaux, qu'emportaient des voleurs de nuit.

L'initiative de Fouille-au-Pot mit fin à cette situation pénible : il osa brusquer le dénouement par une plaisanterie téméraire.

Je me trouvais un jour sur la place pendant la représentation. C'était le tour du cheval savant.

Il avait compté jusqu'à dix, marqué l'heure, dit *oui* aux morceaux de sucre et *non* aux coups de bâton.

« Et maintenant, mon pp'tit cheval, cria Fouille-au-Pot, voudriez-vous nous dire quel est le plus ivrogne de la société ? »

Le cheval fit deux ou trois fois le tour du cercle, et, après quelques hésitations, se planta devant un homme au nez rouge et praliné ; et tous de rire, l'homme au nez rouge le premier.

« Le plus amoureux, maintenant ? » fit Fouille-au-Pot en regardant de côté Rosita, qui pâlit ; et moi, je me sentis pâlir aussi.

Deux fois le cheval hésita, une fois de mon côté, une autre fois encore. J'eus le frisson ; au dernier tour, il s'arrêta net devant moi.

Je cherchai des yeux Rosita ; elle se cachait et je restai là, cloué sur le sol, rouge jusqu'aux oreilles et tremblant de la tête aux pieds.

Ce fut le signal des rires. On me jeta des pommes, je fus hué ; et, sans Fouille-au-Pot, qui répara son crime en allant tirer la queue d'un chien égaré dans le rond, j'y serais encore.

La foule m'oublia pour rire du chien, et je partis, doublant le pas; on va vite avec mes jambes. Je fus bientôt chez moi.

A peine arrivé, je fondis en larmes, je pleurai — comme un nain! J'avais mes deux grandes mains toutes mouillées, et je ne pouvais plus voir mes yeux dans mon miroir cassé. Je me mis à une fenêtre qu'on n'ouvrait pas et qui donnait sur le cimetière, et je laissai le vent qui passait par-dessus les cyprès sécher mon visage et baigner de fraîcheur mes cheveux. Je restai longtemps ainsi accoudé, à boire à pleins poumons l'air du soir. Ce déluge de larmes avait comme noyé ma mémoire; à peine flottait au-dessus le souvenir des émotions tristes de la journée.

Il se faisait tard; l'allumeur de réverbères avait passé depuis longtemps; mes voisins, des ouvriers sans femme ni famille, étaient rentrés; je m'étendis moi-même sur mon lit et m'assoupis dans la douleur et la fatigue.

Je fus réveillé brusquement de ce sommeil pénible par un coup frappé à ma porte.

« Qui est là? » demandai-je tout étonné.

On ne répondit pas.

Je renouvelai ma question.

Même silence.

Une idée me vint, mon sang afflua au cœur, et, en tâtonnant, j'ouvris la porte.

On la referma.

« C'est moi, dit une voix qui me fit tressaillir.

— Vous ?

— Je vous ai vu pleurer de là-bas... Prenez garde, j'ai mon collier à grelots. »

Le lendemain je ne fis pas ma classe, et Rosita ne joua point.

Elle passa la journée à demander pardon pour Fouille-au-Pot, et quand elle partit, je vidai mon sucrier dans ses poches.

« Pour le petit cheval, lui fis-je en souriant.

— Garde le collier, » dit-elle.

Et le géant, tapant sur un coin de la commode, me dit : « Il est là. »

Puis il reprit :

« Rosita revint plusieurs fois ; j'allai moi-même dans la baraque. Je passais la nuit là, sous ce toit de planches, dans cette voiture où avait gémi, grogné un peuple de monstres. Il me semblait quelquefois, dans le silence, entendre le hurlement des hôtes d'autrefois, hommes ou bêtes...

Mais rien ne criait plus haut, ne hurlait plus triste que ma sauvage jalousie.

Elle en avait aimé d'autres avant moi, et quand elle m'embrassait, moi géant, c'était peut-être à un géant mort qu'elle songeait, la zingara ! Qui sait ? elle avait été peut-être la maîtresse d'exceptions affreuses ; elle avait appuyé sur son cœur des têtes qui n'avaient rien d'humain. Tant mieux ! Je préférais, dans mes retours sombres vers le passé, lui croire pour amants des gens au corps horrible, que penser qu'elle avait, dans cette voiture où l'on se touche, dans ce métier où l'on se tutoie, livré sa beauté à des hommes dont le souvenir ne fût pas mort, dont je n'aurais pas étouffé l'image.

Je lui parlais quelquefois de mes craintes, elle se jetait à mon cou et se mettait à rire.

Cependant mes habitudes avaient changé : au collège, on s'en aperçut ; pour comble de malheur, nous fûmes rencontrés un soir dans la campagne et reconnus. Le bruit courut la ville, on amplifia, la fantaisie alla son train, on dit qu'on m'avait aperçu vêtu en saltimbanque, soulevant des poids, demandant la patte à des veaux à deux têtes.

Les élèves me dessinèrent sur le tableau, en sauvage, habillé de plumes, avec Rosita près de moi. Le principal me fit appeler et m'avertit que j'eusse à faire cesser ces bruits par un changement d'habitudes radical et public, ou bien on me demandait ma démission.

Je sortis de chez lui bouleversé, ahuri ; la menace qu'il avait proférée me faisait ouvrir les yeux sur ma situation, la folie de ma conduite m'apparut, et j'entrevis le gouffre à mes pieds !

Je devais, le soir, aller coucher dans la caravane, je n'y allai point.

Le lendemain on frappa à ma porte : je reconnus le signal de Rosita, je ne lui ouvris pas ; elle partit.

Je passai deux jours sans la voir, craignant, les premières heures, d'avoir de ses nouvelles, me jurant que c'était fini ; le second jour, attendant à chaque minute qu'elle arrivât, comptant les secondes, brûlé par la fièvre, désespéré, jaloux!

Malheureux! je n'eus pas le courage de lutter encore, et je courus, presque en plein jour, à la caravane.

Elle fit l'étonnée, me demanda si j'étais fou.

« Oui, » lui criai-je en me jetant à ses genoux.

Elle me releva avec un geste plein de pitié et rentra dans la voiture en fermant la porte sur elle.

Je frappai, elle ne répondit pas.

« M'avez-vous ouvert? » disait-elle à travers la petite fenêtre aux volets verts.

J'allai pleurer dans les bras mous du disloqué; je voulus acheter Fouille-au-Pot; je fis des bassesses, je fus lâche.

Enfin, on me pardonna et je montai.

Quand je sortis le lendemain, j'étais perdu! Elle m'avait traité de haut, j'avais prié, tout était dit; et je portais ma chaîne au cou, aussi solide et courte que celle qui attachait le chien entre les roues.

« Nous partons dimanche, m'avait-elle dit en se levant.

— Partir? mais moi! qu'allais-je faire?

— Rester, en prendre une autre, à moins, ajouta-t-elle en riant, que tu veuilles nous suivre. »

Je ne répondis pas; mais, deux jours après, j'aidais Fouille-au-Pot à serrer les malles, et pour démarrer la caravane embourbée, je me meurtrissais l'épaule contre l'essieu.

A minuit, ce soir-là, c'est moi qui tenais le fouet,

et, sur la grand'route éclairée par la lune, conduisais la caravane....

II

Si vous voulez me suivre maintenant, dit le géant qui reprit haleine, vous allez traverser avec moi ce monde curieux qu'ont mal connu vos romanciers et que calomnie toujours la tradition. J'en sais les joies étranges, les secrets comiques ; ce que je vous raconterai sera vrai : je l'aurais fait ou au moins vu, j'en ai vécu et j'en mourrai ; je serai peut-être albinos à ce moment-là, pour utiliser mes cheveux blancs. Puisque nous sommes par les chemins, je vous parlerai d'abord du voyage.

Vous en avez vu passer de ces caravanes, nom poétique de la maison qui marche. On dirait un fourgon qui emporte des vaincus dans l'exil. Parfois une fenêtre de la prison qui roule s'entr'ouvre et laisse passer un front bizarre. C'est un des hôtes qui prend l'air : demain il faudra qu'il se cache. Ici, dans le silence, sur le chemin désert, il peut lever la tête au ciel, *os sublime*, nul ne le voit.... que le Dieu juste qui en a fait un monstre.

Par intervalle, on croit entendre un bêlement, un grognement ensuite. C'est la bête curieuse, chrétien ou phoque, qui demande son pain.

Aux portes des villes on s'arrête, on attache le cheval à un arbre, avec un bout de corde, à l'endroit où l'herbe est moins pâle ; il ronge les racines, lèche la terre.

Les enfants vont aux environs couper la folle avoine, ramassent les branches fraîches pour l'écurie et du bois mort pour la cuisine ; on allume le feu et l'on mange — ce que l'on a ! On disloque un peu les moutards, on époussette les phénomènes et l'on rentre dans la voiture ; on tire le rideau et l'on dort.

Le soleil se lève, on se remet en route. C'est demain la foire, il faut avoir sa place, aller voir le maire, dresser son théâtre, gagner sa vie.

Ceci est la caravane des commençants ou des ruinés, de ceux qui se montent ou de ceux qui meurent, qui n'ont plus la vogue, qu'on trouve trop vieux ou trop tristes, dont les veaux sont pelés, les trompes connues, les bras usés : c'est un berceau ou une tombe, cela roule vers la fortune ou vers l'abîme, à la grâce de Dieu, au hasard du monstre !

La caravane des arrivés est autre chose. Elle est traînée par des chevaux qui ont eu l'honneur de travailler devant des têtes couronnées ou qu'on loue *ad hoc* dans le village ou dans la ville.

Il y a chambre à coucher, cuisine, salon ! des poêles, une cheminée, un coin du feu ! on s'y visite, on y reçoit.

C'est propre, bien frotté, ciré, tapissé.

« Tenez, fit le géant en prenant sur un des rayons de sa petite bibliothèque un papier crasseux, voilà le plan et le règlement d'une de ces *roulottes* dans lesquelles j'ai travaillé. »

Je pris le chiffon, le dépliai, et le voici avec ses explications et son orthographe :

VOITURE DE BISSONNIER, DIT BARBE-SALE

—

THÉATRE PATINIER

Six mètres de longueur, deux de largeur et deux de hauteur, divisé en deux chambres : la première a trois mètres 50 centimètres de longueur ; c'est la cuisine et la salle à manger, ameublement, une table, quatre caisses de forme longue et étroite, servant de sièges et propres à recevoir des effets et autres ustensiles et à cause de cela appelés banc-coffre, un fourneau dit cuisinière, deux gardes mengers ou buffets en placard, un règlement pour assurer *le bon ordre* dans l'administration, deuxième chambre, elle communique avec la première par une porte à deux batants, longueur deux mètres 50 centimètres, au fond un lit pour deux personnes ; cette chambre comme la première est éclairée par six vassistas de 45 centimètres caré ; cette voiture est couvertte en bois, a platte forme et d'une manière toute particulière (soit par originalité soit en connaissance de cause de la part du constructeur, se sont six cents petites lattes de deux centimètres sus un d'épaisseur jointes ensembles par 40 pointtes chaqu'une, soit vingt quatre mil pointtes, une couche de peinture donne a ce plafond l'aspect du plâtre, la voiture dont nous donnons la description est montée sur quatre roues et sur six ressorts.

Il y en a une autre en tout semblable avec cette diférance que la première chambre sert de magasin de décors, la seconde est la chambre à coucher des hommes employés dans l'établissement, au dessus de la porte on lit le règlement suivant.

Article premier. Tout employé devra balayer la voiture à tour de role avant 10 heures du matin sous peine de 15 centimes d'amende.

Art. 2. Chaque employé est tenu de faire son lit avant 10 heures sous peine de 10 centimes d'amende.

Article 3. Pour ne pas remetre les obgets nécessaires à la toilette, en place après s'en être servi 5 centimes d'amende.

Art. 4. Lors de leur coucher, les employés ne pourront laisser bruler la lumière plus de 15 minutes sous peine de 10 centimes d'amende.

Art. 5. Pour fumer dans la voiture 10 centimes d'amende.

Dans ce second compartiment de deux mètres 50 centimètres quatre lits à une personne sont établis.

— Voilà la cage et le programme : cette cage, on

l'aime, ce programme il est respecté, et tout le monde vit en bonne intelligence dans la maison ; les ours se mêlent à vos jeux, le tigre s'étire entre vos jambes, et le nain en conte de bonnes ; on fait des nouvelles à la patte.

Le matériel, dit le *satou*, composé des décors, des planches, arrive par les chemins de fer.

C'est ainsi que voyagent les Laroche, les Cocherie, les Patinois, etc., etc.

Ils descendent à l'hôtel, ceux-là ; les autres, plus pauvres, vont à la *piaule ;* la piaule, c'est l'auberge qui accepte les bohémiens. Ils arrêtent, dans la cour noire, la voiture éreintée, acculent contre un mur leur maison, le baquet du phoque ou le lit de l'hydrocéphale.

Quand ils peuvent, ils campent dans les terrains vagues ou s'installent tout de suite sur le champ de foire, descendent le poêle, étalent le linge, font sauter les enfants, griller les boudins ; on entend la toux du colosse, le chant du beurre, l'aboiement des chiens....

Il y a les *Bias* ensuite, ceux qui portent avec eux leur fortune, le saltimbanque qui va, la caisse au dos traînant derrière lui son *ours*, enfant ou singe, parent ou quadrupède : en bottines à peau de lapin, culottes bouffantes, maillot rose sous sa blouse bleue ; dévorant la route, le regard morne, le ventre creux, n'ayant encore de la journée avalé que des sabres.

C'est quelquefois toute une famille qui le suit :

femme en haillons, moutards pieds nus! Il en jette un en croix sur son cou, et l'autre à califourchon sur la caisse.

Il hume l'air, il interroge l'horizon.

Le vent souffle, le ciel est rouge....

Ah! s'il allait pleuvoir demain!

La pluie, c'est l'ennemi, la misère, la faim! Plus de paysans sur les places, de badauds dans les foires. Si vous saviez ce qu'on pense du ciel dans notre bohème, quand il *lansquine*!

Tel est le *voyage*.

Voilà la vie que j'ai menée pendant quatre ans; en amateur, les premiers temps, comme les princes russes suivent les écuyères; plus tard, pour vivre, et rester près d'elle!

Je devais en arriver là, et la chute n'était pas difficile à prévoir.

J'étais parti avec un millier de francs; ils me durèrent quelques mois. Un beau jour, je me trouvai en face du dernier louis.

Que faire?

Je n'y avais pas encore songé.

Forcé d'y songer maintenant!

La quitter, rentrer au pays?.... Il était temps encore.

J'essayai: je fis deux lieues en arrière, le soir, dans les champs, courant à perdre haleine....

Mais l'anneau était bien rivé, la chaîne clouée au cœur, et je m'arrêtai tout d'un coup.

Je regardai par là-bas, du côté de la plaine, la

route blanche, les arbres verts : je n'avais qu'à marcher dix heures, un jour, et le lendemain soir j'étais au village, ma vieille mère m'embrassait.

Je revins !

Je revins vers le champ de foire et me glissai dans la voiture, et le lendemain, pauvre lâche, je mentis pour rester ; je dis, je crois, que l'hôtel était plein, ou peut-être trop cher. Rosita, d'ailleurs, n'insista point, et je m'installai dans la maison.

Le voyage avait été bon : la troupe Ferrani avait la vogue, et l'on avait pu joindre des phénomènes *méritoires* au personnel déjà connu. Mon amour fainéant s'autorisa de ces bonheurs, et je vécus, à la table commune, des miettes de la ménagerie : dans ma honte à manger de ce pain non gagné, m'ingéniant à payer ma dette, mettant la main à la besogne, aidant, le soir, à clouer les planches, à tendre les toiles, hissant les tableaux.

Pendant les représentations je m'enfonçais dans la voiture, comme pour lire, et tandis que Rosita suait à soulever l'essieu ou à faire valser des sapeurs, je restais là, anéanti, et, comme un fou, battant de mes doigts maigres, sur le ventre brun des tambours, des airs que je ne connaissais pas.

Mais le vent tourna ; la pluie, l'affreuse pluie, vint noyer au berceau la fortune de la troupe. Cette année-là mit sur la paille tous ceux qui, dans le monde des saltimbanques, n'avaient pas de l'argent et du temps devant eux. Sur le champ de foire où nous étions, la misère s'abattit plus terrible qu'ailleurs, et un matin, chez nous, on échangea le percheron qui conduisait la caravane contre un vieux cheval aveugle, qu'il fallait mener par la bride, et qui nous a traînés, la pauvre bête! par de bien pénibles chemins.

Rosita ne disait rien : se croyait-elle riche encore? avait-elle honte, pitié? Je n'osais me demander compte de son silence.

Un jour pourtant, dans la baraque voisine, un enfant colosse était mort de faim! depuis deux jours personne n'avait mangé dans la voiture, pour donner sa part à la bête humaine, leur pièce de résistance, leur dernier gagne-pain! Masse de chair vivante, il fallait, pour qu'elle vécût, lui jeter, comme au fond d'un four, des quartiers de chair fraîche, des tourtes de six livres : l'argent avait manqué pour acheter le pain, la viande, et, dans la nuit. le colosse avait rendu ce qu'il avait d'âme.

On reçut cette nouvelle avec terreur, chez Rosita, et le soir, quand je me mis à table, les monstres me regardèrent de travers.

Misérable je mangeais leur part; on rognait sur leur nourriture pour me donner la mienne, j'achevais le vin du radeau!

Il fallait cette fois quitter la place!

Mais était-ce possible à présent?

Partir, comme le chien quand il n'y a plus d'os, partir, quand venait la famine! partir, lui devant ma soupe et ma viande d'un mois! comme un ingrat, un lâche!

Je ne partis point, et aujourd'hui même que j'ai tant souffert pour n'avoir pas fui, je ne regrette pas d'être resté. Il aurait fallu qu'il n'y eût pas sur elle le fardeau lourd de la misère, sur moi celui plus lourd de la reconnaissance.

Je fondis en larmes, désespéré, et le bruit de mes sanglots attira Rosita.

Je me jetai dans ses bras, comme un enfant, lui demandant pardon, avouant ma détresse.

« Je le savais, » dit-elle.

Et elle ajouta avec mélancolie :

« Il faut partir chez ta mère.... »

Ce mot de *départ* tombant de ses lèvres me rattacha au lieu de m'éloigner. Je me cramponnai, comme un noyé, à mon amour malade, et la suppliai de me garder.

Elle disait : Oui ; mais moi je demandais : Comment ?

« Il y a un moyen, fit-elle.

— Parle.... »

Elle hésita un instant, me fixa, puis dit :

Fais-toi géant ! »

Géant ? J'avais donc été au collège, j'avais traduit Virgile et lu Platon pour être géant, *à 3 sous les bourgeois, 2 sous messieurs les militaires et les bonnes d'enfants !*

Et pourtant, que faire de mieux ? je restais près d'elle ; au lieu d'être à sa charge, j'amenais l'argent dans la caravane, je payais ma dette : j'étais plus que l'amant, presque le mari.

Pour tout cela, que fallait-il? m'habiller en général, mettre un colback sur ma tête et un bésigue dans mes bottes.

Le dimanche suivant, à la foire de Thorigny, on m'annonçait à la foule comme l'HOMME LE PLUS GRAND DU SIÈCLE.

Le croiriez-vous? fit le géant, dont la figure se dérida, ma résolution ne me coûta pas grands soupirs; les premiers temps furent moins pénibles que vous n'auriez pu le croire, presque gais. J'étais déjà fait à cette vie, le dernier mois passé dans la baraque m'avait aguerri autant qu'humilié; et puis, on prend vite le mépris de la foule dans ce métier où la foule doit être dupe.

Ma crainte d'être reconnu tomba avec mes cheveux longs et ma barbe claire, et le plus espiègle de mes élèves n'aurait pas reconnu, dans le géant de la foire, l'ancien professeur de collège. Derrière mon masque de fard et de plâtre, je vivais tranquille, caché dans mon amour sauvage.

Devant le public, je posais, et, de mon théâtre qui montait en fuyant, il m'arrivait de faire une chaire de langues, d'où j'embarrassais les pions sales et les professeurs bêtes; les blouses applaudissaient, et, sur chaque champ de foire, j'avais mon mois de popularité.

Dans notre monde, j'étais un aigle : je donnais des consultations, je rédigeais les boniments, je faisais des pièces pour les spectacles en plein vent, des parodies pour les bons pitres, et les femmes sauvages et autres, me regardaient du coin de l'œil et enviaient le bonheur de Rosita !

Elle, fière de moi, me couvrait de caresses.

« Comme tu es savant ! » me disait-elle en grimpant jusqu'à mon colback.

Je me faisais tout petit et l'embrassais.

Elle devint enceinte à ce moment. Ce fut une grande joie dans la baraque. Nous étions presque riches déjà ; l'avenir s'ouvrait tout heureux devant nous !

« Pour peu qu'ils aient un monstre, disaient les voisins, leur affaire est faite. Qu'elle aille à Beaucaire, *l'entre-sort* y est beau cette année ! si elle pouvait se graver l'enfant-poisson ! »

Dieu merci, elle ne se grava ni celui-là ni d'autres, et elle mit au monde une petite fille jolie comme un amour et droite comme un I, qui fut baptisée bel et bien, qu'on appela Rosita à l'église et dans la baraque Violette, c'est-à-dire qui fleurit à l'ombre. Je vous dirai plus tard ce qu'elle est devenue.

Le géant passa la main sur son front, comme pour chasser un souvenir douloureux, et continua :

« Nous fîmes ainsi tout l'est de la France, nous allâmes en Belgique et en Hollande où mon succès fut grand : Rosita avait laissé reposer son essieu, et, en costume de ville se tenait à la porte pour *aboyer*, c'est-à-dire appeler la foule, amorcer le *trepp*.

Elle aboyait comme une chienne anglaise et répétait crânement les phrases à effet que je lui taillais le soir dans la voiture, tandis qu'elle comptait les recettes du jour ou raccommodait les hardes des phénomènes endormis.

Notre caravane avait grandi et la maison s'était montée. Nous venions d'ajouter à notre troupe l'*Homme-squelette*.

« Celui qui était il y a dix ans à Paris, quai d'Austerlitz ? fis-je en interrompant le géant.

— Celui-là même. Vous l'avez connu, ce spectre ?

Quand il tirait le rideau, derrière lequel grognait son agonie, j'ai vu des hommes se reculer tout pâles, et passer la main, effarés, sur leur front !

Fantôme noir, décharné, dont les os jaunes claquaient en se touchant, et qui vous remuait les entrailles rien qu'à dire de sa voix éteinte et rauque :

« Je n'ai pas dormi depuis dix ans ! »

Il dormait pourtant.

Un jour, nous descendions une rivière de Hollande, tous trois sur le pont du bateau, Rosita, lui et moi. Je me tenais assis pour paraître moins grand ; l'homme-squelette s'était roulé à mes pieds sous des voiles.

On savait sur le bateau qu'il était là, et l'on en parlait autour de nous : on discutait son insomnie, on pariait pour, on pariait contre.

Mais voilà qu'au milieu de la discussion, un bruit monotone et régulier s'élève de dessous les voiles, bruit connu et qui fit dresser toutes les oreilles.

« C'est le squelette qui ronfle ! » cria la galerie.

C'était lui, nous le savions bien ! Mais Rosita, tirant un canif de sa poche, en plantait la lame dans un os du monstre, qui se redressait sur son séant, et comprenant d'instinct, les yeux fixes, jetait pour réponse aux rieurs effrayés son boniment funèbre, et répétait en retombant épuisé : « Je ne dors pas depuis dix ans ! »

Le secret de son insomnie, il était dans sa force terrible de résistance et dans son épouvantable énergie ! Il y avait une âme dans ce cadavre ; c'était un homme, ce fantôme ! Il sut mentir jusqu'à fatiguer la patience et même égarer le génie ; il a mis les sceptiques au défi, les savants *a quia*, trompé la police, *roulé* la science.

Nous seuls et sa maîtresse nous l'avons vu dormir !

« Sa maîtresse ? » demandai-je au géant, épouvanté.

— Oui, sa maîtresse ! dont il eut des enfants, et qu'il battait le soir quand elle lui cachait l'eau-de-vie : l'eau-de-vie qui était l'huile de cette lampe, et qui soutenait cette agonie. Sans ses vices, peut-être il vivrait encore ; il est mort d'avoir trop bu et trop aimé !

Tôt ou tard pourtant il serait tombé épuisé, car le secret de sa maigreur étrange était dans un mal affreux, une tumeur sous la cheville gauche, qui mangeait sa chair et buvait son sang !

Un jour cependant, la plaie n'eut plus rien à dévorer, la vie s'était écoulée tout entière par le trou noir de la blessure, et il tomba comme un arbre mort.

Il a rendu le dernier soupir en 185..., à l'hôpital Necker, où nous le fîmes transporter. — Il dort maintenant !

Nous le regrettâmes amèrement, car il avait presque fait notre fortune.

Le lendemain de l'enterrement, Barnum, le grand Barnum que vous ne connaissez que par les livres, mais avec qui, nous autres banquistes, nous avons trinqué, me faisait offrir les sauvages que vous avez vus jadis à l'Hippodrome, de vrais sauvages cette fois, qu'il avait arrachés là-bas à leur patrie et traînés pour les exhiber sous le ciel triste de l'Europe.

Ils étaient huit, conduits par un vieux nègre, qui pouvait seul se faire comprendre d'eux, grâce à quelques bribes de je ne sais quel jargon qu'il avait appris sur un navire, dont, entre parenthèse, il avait tué le capitaine et mutilé le lieutenant ! Nature cruelle et froide, il menait au bâton cette escouade d'exilés.

Laids du reste, et bien tristes, ces fils des lointaines forêts ! Pour remplacer le soleil ardent de leur pays, il fallait entretenir autour d'eux des brasiers rouges, auxquels ils venaient griller leurs jambes et leurs bras amaigris.

Il fallait aussi, pour éteindre leurs rugissements, verser du feu dans leur poitrine, et leur donner du gin à boire. Le nègre était leur porte-voix et mettait sa joie à exciter leur lugubre débauche. Si je résistais, il retournait muet et humble vers ses esclaves ; mais, la nuit suivante, on entendait dans la baraque des cris terribles, des hurlements affreux : c'étaient les Caraïbes, poussés par leur noir truchement, qui demandaient du tabac ou du gin, et il fallait céder ou ils eussent mis en pièces prison et geôliers.

Toutefois, avec les Caraïbes et moi — je me montrais toujours comme géant — la troupe allait son petit train, tout eût été pour le mieux, si nous avions pu nous débarrasser du nègre assassin.

Je lui parlai un matin de nous quitter ; le soir même, le feu prit à la baraque ; et, au milieu des hurlements féroces des Caraïbes, qu'il fallut faire chasser comme des ours et ramener par des soldats, nous vîmes les flammes dévorer notre pauvre caravane avec ce qu'elle contenait : costumes, toiles, accessoires, tout disparut, jusqu'à un portefeuille où étaient serrés quelques billets de banque, que j'allai chercher, les pieds dans le feu, mais en vain. Je vis, au moment où je sautais dans le brasier pour y fouiller, les lèvres noires du nègre s'écarter et sa prunelle s'agrandir. C'est lui, j'y parierais ma tête, qui avait préparé le crime. Il avait juré là-bas, sur le grand rivage, au bord de quelque tombe, haine, haine éternelle aux blancs !

Il ne revit pas son pays, chargé des chevelures de ceux qu'il avait ruinés ou tués ; un jour un des sauvages, ayant la nostalgie du sang, lui ouvrit les entrailles.

Pour nous, nous nous trouvâmes, du jour au lendemain, sans un sou, sans rien, pas même nos costumes de banque pour faire notre métier. Nous laissâmes partir le nègre et les sauvages que nous ne pouvions plus garder, nourrir, payer, et nous vendîmes le cheval aveugle. Pauvre bête ! quand nous la quittâmes, comme si elle sentait que nous l'abandonnions, elle tourna vers nous en gémissant ses grands yeux morts, où l'on eût dit qu'il y avait des larmes.

Puis commença la vie de misère comique que je voudrais recommencer.

Oh ! le bon temps où elle n'avait que moi pour la consoler et mes 2 mètres 40 pour la soutenir !

Lorsque nous nous trouvâmes seuls, le soir du désastre, ce fut un pénible moment, mais la porte du grenier où nous apportâmes nos dernières hardes une fois fermée, elle se jeta à mon cou en me disant :

« Eh bien ! le Grand ! »

A ces mots dits d'une voix triste, mon cœur tressaillit de joie, et je ne changerais pas contre les jours les plus beaux des riches, le souvenir des temps qui ont suivi cette ruine.

Le lendemain, je mis Rosita en couleur.

III

J'en fis une habitante des mers australes, prise par des pirates, sauvée par des Anglais et tatouée par tout le monde.

Quant à moi, laissant de côté les langues mortes, je devins simplement un Patagon, son cornac, qui seul pouvais me faire entendre et obéir d'elle.

C'était ce bon Fouille-au-Pot, vieux serviteur toujours fidèle, qui criait ces belles choses à la porte !

Grâce à son annonce et à un javanais inventé pour notre plaisir, Rosita et moi passions notre vie à nous moquer des spectateurs.

L'envie de rire nous prenait quelquefois ; alors elle se retournait mugissante, criait, grognait et étouffait la crise dans le ventre de son poulet cru. Moi je me penchais pour l'apaiser, et nous nous tordions.

Je ne riais pas toujours cependant, et je poussais des soupirs plus longs que moi en la recrépissant, car je la peignais comme on fait d'une porte, le pot à colle dans une main, le pinceau dans l'autre. Sur ces chairs que j'aimais, je jetais un manteau d'encre et d'huile, et je passais des anneaux de rideaux dans son nez rose.

C'était donc elle que je voyais là, rôdant comme une bête fauve, mâchant du caporal, crachant du feu !

Plus de baisers maintenant — un abîme !

Il fallait attendre le soir, et encore ne gardait-elle d'Européen que ce qu'elle pouvait cacher et je n'avais guère qu'un tiers de blanche sur deux tiers de sauvagesse.

Ah ! monsieur, c'est une douleur que je ne vous souhaite pas d'avoir une maîtresse à mettre en couleur, et dont vous ne pouvez pas plus approcher que d'un mur peint à neuf !

Nous dûmes nous débarrasser de la petite fille qu'il aurait fallu tatouer aussi et que nous préférâmes envoyer à une vieille sœur de Fouille-au-Pot, qui habitait la campagne.

Une fois pourtant, il nous prit envie à tous deux d'aller par les chemins, le soir, respirer les parfums qui viennent des prés et des bois. Je voulus revoir Rosita fraîche et coquette, autant que sa coquetterie pouvait se trouver bien de la robe d'indienne un peu fanée qui lui restait.

La rivière passait à dix minutes de notre tente. Elle sortit encapuchonnée, et alla plonger son corps verni dans le flot clair.

Mais les lavandières qui battaient du linge au clair de lune, plus bas, la virent et la devinèrent à la couleur de l'eau qui emportait en fuyant son caleçon de suie. Elles crièrent au linge sali, au fleuve troublé, et la poursuivirent en la couvrant de boue et de huées.

Des hommes s'en mêlèrent.

Je voulais me jeter dans la foule, prendre un des

badauds qui l'insultaient et le casser sur mon genou. J'eus peur des gendarmes, de la prison; je frémis à l'idée d'être séparé d'elle, et je l'entraînai dans l'obscurité.

Dieu sait ce que nous allions devenir ainsi faits : elle demi-nue, moi, en général, sans chapeau ! Nous n'avions pu rentrer sous la tente où l'on nous aurait suivis et peut-être assommés. Fouille-au-Pot, qui était resté, eut bien de la peine à s'en tirer. C'est de ce jour-là qu'il dit adieu à la banque, et il nous fit savoir quelques jours après qu'il était auprès de Violette, et qu'il vivait de ses économies jointes à celles de sa sœur.

Le hasard, cette providence des pauvres, mit sur notre chemin un enfant de la balle, un *sautados* (sauteur) qui venait le pauvre garçon ! d'enterrer sa mère à quelques lieues de là, et s'en allait avec sa sœur orpheline, une enfant de huit ans, rejoindre une troupe au bourg voisin.

Nous l'appelâmes.

La petite fille jeta un cri en nous voyant; mais on s'approcha, on se reconnut; en deux mots je dis notre histoire, le sautados me conta la sienne, il était pauvre lui aussi, bien pauvre; mais il avait encore un vieux bonnet de clown qu'il me donna, et Rosita jeta sur ses épaules, que glaçait l'air froid de la nuit, son tapis de travail. Je mis l'enfant fatigué sur mon dos, et, ainsi chargé, je conduisais la marche.

J'avais l'air d'un de ces géants de la Bible, que

chassait le doigt des Prophètes, et qui fuyaient emportant famille et patrie sur une terre lointaine et maudite !

Nous arrivâmes sans encombre à l'auberge où nous retrouvâmes fraîchement débarquée la troupe qu'allait rejoindre notre compagnon.

Le chef nous offrit de travailler avec lui, à condition toutefois que je donnerais ma démission de géant et trouverais un *truc* nouveau. Il n'avait point de théâtre, ne pouvait et ne voulait point en établir.

Le sort en était jeté !

Je ne réfléchis même pas : je donnai congé au géant et je me fis *mancheur*.

On appelle mancheurs ceux qui n'ont ni baraque en planche ni tente en toile, mais simplement la permission, de par le préfet ou par le maire, de se tordre les membres, de se casser les reins comme ils l'entendent, dans les carrefours, sur les places, aux coins des rues ! Pour bureau de recette, ils ont une soucoupe cassée, un vieux plat d'étain.

« Allons, mesdames et messieurs, voici notre petit bureau ! Un peu de courage à la poche, s'il vous plaît ! Si notre travail vous paraît honnête et méritoire, ne nous oubliez pas ! Nous recevons tout, depuis un centime jusqu'à mille francs ! Allez, musique !

« La chaise romaine ! »

Et l'on commence ! Pendant qu'on exécute les exercices pour avoir les sept sous qui manquent, — SEPT SOUS SEULEMENT !! — le pître ou la fille fait le tour de la société et demande pour ses petits profits.

Tous les malheureux qui s'en vont sous les fenêtres, dans les cours, jongler, chanter, sauter, qui ramassent à terre le sou jeté dans du papier, ceux qui, devant la porte des cafés, demandent à se disloquer ou à se démembrer humblement, tous ceux enfin qui vont quêtant l'obole sous le ciel, — des *mancheurs*.

Leur patrie, c'est la rue! la rue, cet asile de la vieille banque : des bohémiennes à la peau tannée, au jarret maigre, qui dansent encore sur les œufs et se trémoussent à la manière des gitanas, en irritant de leur doigt sec la peau des tambours de basque : l'asile, hélas! des clowns cassés, des pîtres vidés, des monstres manqués!

Pauvres gens, qui n'ont pour capital que leur souplesse et leur courage, mangeurs de vache enragée et de poulets crus, qui avalent des sabres, boivent du plomb, mâchent du zinc, font la grenouille, le serpent, la perche, le grand écart, et soutiennent honorablement leur famille — sur les cuisses.

C'est dans cette armée triste de la bohème que je m'engageai.

Je descendis des hauteurs dans la rue, et, pour vivre, je fis de tous les métiers.

Je commençai par tenir la perche.

Au haut d'un bâton que porte, arc-bouté sur ses jambes, un homme aux reins d'hercule, un autre homme monte; puis, arrivé au haut, fait de la gymnastique, le *drapeau de zinc*, le *bras de fer*, enfin se pose à plat ventre sur le bout même, et, ainsi placé, comme un verre au bout d'une aiguille, se démène dans le vide, se trémousse et nage dans l'espace !

Le mancheur n'est pas, ici, comme le gagiste du cirque, sous un lustre aux lueurs tranquilles, mais, les yeux en l'air, par le soleil qui aveugle ou le vent qui souffle, il suit les mouvements de l'homme dont il a la charge. Qu'un rayon de soleil arrive tout à coup et éblouisse la prunelle, que sous les pieds de l'athlète un caillou glisse, un peu de terre s'écrase, moins que cela, il suffit d'un grain de poussière qui vole, d'une goutte de pluie qui tombe, si l'équilibre est dérangé, la perche vacille, échappe, et l'homme est mort.

Ah ! la première fois que je sentis au bout de ma perche un être vivant, étonné cette fois de se voir si haut, je tournai mon cœur en même temps que mes yeux vers le ciel.

Dieu merci ! je suis solide, et la perche n'a dévié que d'un quart de ligne, une fois...

Il est si facile de se débarrasser d'un homme que l'on hait, quand on le tient ainsi, sa vie appuyée contre sa poitrine, près de son cœur !...

Cet homme est quelquefois un misérable qui vous a pris votre bonheur et a troublé pour jamais votre repos ! il mérite la mort ! Une quinte de toux factice, un mouvement faux, la bretelle fatiguée d'avance... et tout est dit, justice est faite ! J'ai failli me faire moi-même justice... »

Je tressaillis à ce terrible aveu !

« Oh ! ce ne fut qu'une pensée d'un instant, un

éclair ! C'est trop déjà ! et Dieu me demandera compte de cette seconde dans l'éternité ; mais je n'ai tué personne, et celui qui devait mourir est toujours vivant ; vous le savez bien ? me dit le géant qui me regarda.

— Le paillasse qui ce matin ?...

— Et qui donc voulez-vous que ce soit ? » répondit le géant presque avec colère.

Il continua :

« Après avoir fait la perche, je fis les poids.

Tout le monde peut, avec de l'exercice et bien enseigné, s'amuser d'un poids de quarante, et il n'est guère de saltimbanque qui n'ait été un peu hercule à l'occasion ; il faut toucher à tout dans le métier.

Pour moi, c'était chose peu dure, et si je souffrais quelquefois, ce n'était pas des bleus que me faisait le fer en retombant sur mes épaules, mais de la honte qui m'étouffait, quand le souvenir de jadis revenait !

Un jour, dans la foule, je vis une femme qui ressemblait à ma mère ; le poids que j'enlevais m'échappa du doigt, et, décrivant un cercle, alla, dans le bras d'une femme briser la tête d'un enfant !

Pauvre femme ! elle ne poussa point un cri, mais elle s'affaissa, muette et blanche comme la cire.

Moi, je voulais me tuer ! — Allons donc ! si j'avais eu ce courage-là, je l'aurais fait depuis longtemps : j'étais trop lâche !

Peut-être aussi le nom de Violette, dit par Rosita, Violette, notre petite fille, que gardait la sœur de

Fouille-au-Pot, fut-il le remède et la consolation !
Je me souvins que j'avais une fille devant le cadavre de cette enfant.

Je ne pouvais plus rester dans le pays, et la troupe d'ailleurs ne tenait point à me garder. Cet événement terrible pesait sur nous. On se quitta.

Rosita, je dois le dire, se montra douce, aimante, dévouée ; elle trouva pour me consoler des paroles pleines de tendresse, et c'est hélas ! à ce moment pénible que se rattachent mes plus doux et plus chers souvenirs.

J'oubliai l'accident, dont le hasard était seul coupable. Le hasard ? Mais si je n'avais pas quitté ma mère et craint de la revoir, mon bras n'aurait pas tremblé et le poids n'eût pas tué l'enfant...

N'importe ? au feu de la passion mes remords se fondaient, et j'acceptai bravement, sans trop de honte, les aventures misérables par lesquelles il me fallut passer.

Je mangeai des cailloux, du feu ; je bus le plomb fondu jusqu'à la lie.

J'entrais dans un four brûlant avec deux poulets crus, et j'en sortais, les poulets cuits.

Je me passais des barres de fer rouge sur la langue, et j'allumais un punch dans le creux de ma main.

— Vous aviez un secret ?

— Oui et non : n'importe qui, sans préparation, peut tremper sa main dans le métal mis en fusion ; quelquefois il faut s'enduire d'alun. Cela ne coûte pas cher, mais cela aussi ne rapporte guère : il faudrait qu'il y eût des langues brûlées et des hommes flambés vivants. Personne encore n'a eu ce courage.

Je me décidai à avaler des sabres.

Mon professeur de sabre fut Jean de Vire lui-même, un fanatique de son métier, le Don Juan des festins d'acier. Il pratiquait son art *domi et foris*, dans la rue, au café, à table ; il s'introduisait dans le nez des clous qu'on croyait voir ressortir par le crâne ; il se mettait des pointes dans le plafond.

Les jours fériés, il tuait le veau gras ; il avalait une longue barre de fer agrémentée de gros boulons, avec des nodosités comme les genoux d'un goutteux ; il faisait aller et venir cette barre, la dégustait comme un sirop, puis la rendait sur le pavé où elle retombait avec fracas, en s'écriant :

« Voilà du pain bien dur ! »

Il mourut entre nos bras, un jour de l'an, après avoir laissé tomber trop bas une fourchette de pot-au-feu avec laquelle il aimait à jouer, et qu'il emporta dans l'autre monde.

Il me légua, en mourant, son buffet, toutes les lames qu'il avait repassées au fil de son œsophage, et qui étaient descendues, sans lumière, dans les caves de son estomac.

Je vendis le tout pour acheter un petit fonds de phénomènes, las que j'étais du métier en plein vent, et je traitai d'un *entre-sort*.

Vous m'avez déjà entendu prononcer ce mot, et il vous indique lui-même ce qu'il signifie.

On appelle ainsi ces spectacles qui ont pour théâtre ordinaire une vieille et sale voiture où gisent quelques repoussantes curiosités.

Un rideau qui s'entr'ouvre, le monstre debout ou couché, qu'on explique ou qui parle, deux sous qu'on donne, on entre, on sort : voilà l'étymologie.

Point d'autres frais que la pâtée et la litière à faire pour le phénomène à deux pieds ou à cinq pattes.

Il rit, il pleure, il bêle, il hurle, grandit ou diminue, sèche ou engraisse : il faut qu'il aille jusqu'au bout, et que, la veille de son enterrement, il salue encore la société, qu'il fasse le beau, le mort, qu'il donne la main, la griffe, roule sa bosse !

Dieu sait tout ce qu'on voit quelquefois ! quels échanges entre le bipède et le quadrumane, le crustacé et le mammifère ! série de plagiats et d'emprunts barbares ! enfer pavé d'intentions horribles, de corps tronqués, orphelins sinistres dont l'homme fait à l'image de Dieu repousse la paternité !

Laissons là ces laideurs : je ne vous en parlerai plus ; ils pourraient m'en vouloir d'ailleurs, et dire que je les calomnie, si j'oubliais ou j'ajoutais — race irritable aussi, celle des incomplets et des surabondants !

Souvent le phénomène n'est pas vivant, il est empaillé ou confit ; l'empaillé est presque toujours une bête ; le confit, un homme, un parent, Théodore.

Mais la paille sortait par le ventre de nos exceptions, et nous gagnions à peine de quoi la renouveler.

Nous trouvâmes bientôt heureusement à nous employer.

Un autre, plus heureux, joignit nos morts à ses vivants, et m'offrit des appointements particuliers pour mes 6 pieds 5 pouces. Rosita devait faire l'annonce.

Je redevins géant et fis mon début entre l'homme sans bras, dit le *Piéton courageux*, et la femme sans jambes, dite le *Râble mystérieux*.

Le Piéton courageux est ce gaillard à qui vous avez vu faire l'exercice du fusil avec ses pieds, qui prise avec son orteil, et a des cors au doigt qui tient la plume.

Le *Râble mystérieux!* Vous avez dû la voir aussi rôder par les rues sur une petite charrette traînée par un âne et qui la mène dans les banlieues, où elle a seulement le droit de se montrer, depuis que, sur une place de Paris, elle fit s'évanouir, en agitant son moignon, la femme enceinte d'un haut fonctionnaire, dont l'enfant, quand il vit le jour, avait laissé la moitié de lui-même dans l'autre monde.

Elle marche résignée dans la vie, sur un derrière en crin, suivant les uns, en chêne suivant les autres, et, pour être franc, je n'ai jamais su au juste si c'était de l'étoffe ou du bois, une pantoufle ou un sabot; qu'importe! puisqu'elle exécutait là-dessus, là dedans — comment dire ? des danses passionnées et enivrantes.

La voyez-vous asseoir sur un tabouret ce derrière étrange et dont personne n'a pu soulever le voile, se balancer comme un tronc d'ours, et, tout d'un coup, partir, rouler, tournoyer, et ne s'arrêter que quand la foule étonnée dit : Assez, assez ?

Alors, pour le dessert, elle vous offre de venir écouter son ventre, où l'on entend, dit-elle, comme le balancier d'une horloge !

Elle a donc avalé une montre ou caché là une pendule ?

Elle vivait amicalement alors avec le Piéton courageux et s'appuyait, fière, sur ses mollets. Coquette d'ailleurs, exigeante, impérieuse, portant les culottes, si je puis appliquer cette locution à une femme qui n'a pas de jambes !

Elle avait eu jadis deux enfants dont elle parlait au public avec orgueil : « J'ai deux fils bien portants et *conformés comme vous et* MOI. »

Voilà les deux côtés de l'angle dont j'étais le sommet ; les gens avec qui je devais vivre et que j'appelais du doux nom de frère et de sœur.

Ces deux êtres me méprisaient cordialement et me tourmentaient à plaisir.

Le Piéton courageux marchait sur mes bottes, m'égratignait les mains, le Râble mystérieux me mordait aux jambes ; j'avais fort à faire à me débarrasser de leurs étreintes, et ces Barrabas mutilés gênaient singulièrement mon Calvaire.

Rosita avait repris son métier d'aboyeuse et jappait à la porte.

La troupe fit merveille, si bien qu'on ajouta une voiture à la première ; on commanda une grande affiche :

LE MUSÉE VIVANT

et l'on s'occupa de chercher un pître.

Ici un soupir souleva la poitrine du géant qui se remit et continua :

« Ce pître on le trouva, vous le connaissez, c'est celui que vous avez vu ce matin dans la baraque, et qui y sera encore demain, toujours, tant qu'il y aura un sou dans la caisse et Rosita dans la maison.

Oh ! quand il arriva à l'heure du souper, à la façon dont il s'assit, leva son verre, je compris qu'il allait être le maître et qu'il traînait le malheur après lui !

Lorsqu'il monta sur les tréteaux pour faire, avec Rosita, la parade, je flageolai sur mes jambes de géant !

J'avais toujours redouté pour elle, je veux dire pour moi, cette vie du tréteau, où elle serait l'héroïne des danses et des pantomimes lascives, où patrons et paillasses auraient le droit d'embrasser ses épaules, de pétrir sa taille, où devant elle, on marchanderait sa beauté : je les avais vus, par-dessus la toile, ces libertins oisifs, fils de famille aux lorgnons d'or, artistes aux longs cheveux noirs, rôder autour des danseuses de corde et des joueuses de castagnettes, auxquelles on jette d'abord un bouquet puis une bourse. J'avais peur des deux, de la bourse et des fleurs, des fleurs surtout, car Rosita était femme à se griser de tous les parfums.

Ils eurent ensemble un succès sans pareil, et tous les soirs la foule se pressait aux pieds de la baraque, pour assister à la parade et voir les farces de *Bêtinet* amoureux d'*Isabelle*.

Bêtinet : c'est le nom du pître, qu'il porte encore ; Isabelle : était le nom de guerre de Rosita.

Ce qu'ils disaient, je l'entendais à peine ; mais quelquefois un baiser chantait sur les épaules de l'amoureuse, et je devenais pâle comme ce matin !

Baiser de *singe*, c'est vrai, mais qui sonnait douloureusement dans mon cœur !

Le Piéton et le Râble s'étaient aperçus de ma jalousie et l'excitaient à coups de réticences et d'épigrammes. Il me prenait parfois des envies de me lever et d'aller voir ; mais mon état me le défendait : ma grandeur m'attachait au rivage !

Pourtant je ne laissais rien paraître de mes craintes, tant j'avais peur, et je redoublais pour Rosita de tendresse et d'affection ; je l'accablais de mon amour. Faute cruelle ! irréparable ! Il ne faut jamais laisser croire aux femmes qu'on les aime de façon à ne pouvoir se passer d'elles ! Lâcher l'aveu, c'est user l'ascendant, tomber en quenouille, abdiquer, et à moins d'avoir affaire à un ange — on dit qu'ils sont rares —

il suffit d'une occasion pour qu'on soit trahi. Elle se présente un jour sous la forme d'un homme vigoureux et roué.

Roué, notre pitre l'était comme un faubourien corrompu !

Sa vie était un roman comique, où le Pactole et le ruisseau s'étaient toujours croisés ! C'était, dans la force du terme, un banquiste; il aurait fait de M. Leverrier un nègre et de M. Limayrac un géant !

Il avait commencé comme aveugle, allant chanter avec un frère de louage dans les cafés, les cours, tâtant la vie du bout de son bâton.

Quand il eut amassé quelques sous par la cécité, il acheta un *Rhotomago* et vendit de la *bonne fortanche*.

Nous appelons Rhotomago ou *Thomas* cette espèce de bocal dans lequel se balance un enfant en bois, qui monte et remonte suivant qu'on pose ou que l'on retire le doigt ; c'est ce magot noyé qu'on interroge et qui rend les décrets vendus à raison d'un sou à ceux qui veulent savoir le passé, le présent et l'avenir !

« Monsieur RRho.... RRho.... RRho.... tomago va nous dire ce que vous êtes ! »

La *bonne fortanche*, c'est la bonne aventure.

On gagne beaucoup d'argent à ce métier-là, plus parfois qu'à *tiranger la brême*, c'est-à-dire tirer les cartes.

Bêtinet *roula* jusqu'à ce que tout fût mangé, et, le *saint-frusquin* dévoré, se remit aveugle.

Enfin, une bonne chance se présentant, il revoit la lumière du ciel. Il trouve moyen de s'associer à un directeur de troupe qui, sachant ce que vaut un bon pître, lui donne une part dans les bénéfices, et devine tout le parti qu'il peut tirer de sa verve et de sa finesse.

Il le charge des missions délicates et le voit toujours revenir triomphant.

C'était une lutte terrible alors entre les directeurs et les saltimbanques. Dieu sait ce que ces malheureux ont dû payer ! Laroche, à lui seul, a donné plus de 30,000 francs pour les droits des théâtres ou des pauvres.

Bêtinet se chargeait de mettre dedans l'ennemi.

Un jour, c'était pour la foire de Saint-Quentin. Il part en avant, arrive à midi, reste avec les voitures aux portes de la ville, ôte sa blouse de voyage, en prend une plus déchirée, effrange sa culotte, comme on dit que quelques régiments abîment exprès leur drapeau, pétrit sa casquette et arrache l'âme de ses souliers, puis il demande le théâtre.

Il s'y rend, monte l'escalier des artistes et se fait annoncer au directeur. On refuse de le recevoir, il insiste. Il est introduit.

Le directeur devant ce paquet de haillons, recule jusqu'à la fenêtre et l'ouvre.

Bêtine, salue gauchement et dit son histoire.

« Il a un petit cabinet de magie blanche, assez propre. »

Le directeur le toise et sourit.

« Si M. le directeur voulait bien lui laisser donner quelques représentations sur le théâtre..... »

C'est trop fort, cette fois! le directeur se lève, prend son chapeau.

« Alors, dit Bêtinet, je serai forcé d'affronter la place publique et de monter sur la place mon *Domingo*. Mais pour les droits..... Je suis bien pauvre.....

— Pouvez-vous me donner vingt francs? dit le directeur en brossant son chapeau.

— Vingt francs, c'est bien dur par le temps qui court; enfin, si M. le directeur veut me signer un reçu, les voici. »

Bêtinet tire en même temps d'un vieux bas mal ravaudé vingt francs en quatre pièces de cent sous.

Le directeur signe et l'on se quitte.

Deux jours après, le même directeur descend son escalier, met le nez dehors; il aperçoit en face de lui, devant son théâtre, une construction immense, un Capitole en planches, et reconnaît son malheureux de l'avant-veille dans un petit homme tout affairé, qui donne des ordres, comme César, à quatre charpentiers à la fois.

Il s'approche, on cause : le directeur dit qu'on l'a volé, et va, du même pas, porter une assignation contre Bêtinet au tribunal.

On plaide.

L'avocat du théâtre traîne les saltimbanques et Bêtinet dans la boue.

Bêtinet, à son tour, s'avance.

Mêlant la raillerie à la sensibilité, l'ironie aux larmes, il se défend. Ses enfants sont en pleurs, sa femme en couches ! Il se laisse emporter par le torrent et prend en main le drapeau déchiré des saltimbanques.

« Je suis en blouse, crie-t-il, mais elle est propre ; j'ai des souliers, mais ils ont des talons, et je connais des bottes..... (son œil va chercher sous la robe de l'avocat, pauvre diable qui marche sur ses tiges et ne sait où cacher ses pieds !)

« Je me saigne pour payer, mais je ne dois rien à personne. Demandez à M. Doublet, l'honorable charpentier de la rue Notre-Dame.

— Oui, » dit M. Doublet dans l'auditoire.

Le coup est terrible : l'étoile du directeur pâlit. Bêtinet élargit le débat.

« Monsieur a dit (et il montrait le pauvre avocat rouge et les pieds honteux) que les saltimbanques buvaient et battaient leurs femmes..... (une pause). Mieux vaut boire du vin que du sang, et battre sa femme dans une caravane que l'assassiner dans son hôtel !... »

C'était l'année du meurtre de madame de Praslin, l'émotion fut immense ! On courut du tribunal à la baraque ; toutes les places furent louées, et le théâtre joua devant les banquettes.

Une autre fois en 1849, il arrive à Limoges. Il n'y a pas de spectacle organisé, mais simplement un directeur nommé. Le directeur, au nom de son privilège, et quoique ne jouant point, réclame des droits aux saltimbanques.

On les lui refuse, il assigne devant le tribunal ; c'est Bêtinet qui représente la baraque.

Le directeur n'était point une bête et ne manquait point d'énergie.

Il marche au cœur du juge par le chemin de la vie honnête et du devoir courageusement accompli.

« J'ai droit à être écouté du tribunal, dit-il, mon passé prouve qui je suis. Je suis premier ténor maintenant, en même temps que directeur ; mais, quand il l'a fallu, j'ai travaillé bravement de mes mains et j'ai brouetté la terre aux ateliers nationaux... »

Bêtinet se lève !

« Vous calomniez les ateliers nationaux : personne n'y travaillait... (les juges écoutent favorablement).

« Si vous parlez de vous, je vous parlerai de nous, moi !

« Tandis que vous ruiniez la patrie au Champ de Mars, nous la servions au champ de foire ! Les saltimbanques faisaient des quêtes au profit des pauvres, et l'un d'eux, au nom de nous tous, portait 777 francs, je précise, entre les mains, — allez-vous les salir aussi ? — de Lamennais et de Béranger ! »

Il se laissa malheureusement griser par sa salive, et fut condamné, après avoir bouleversé les âmes, à mettre entre les mains du directeur 60 francs, ou le cinquième de ses recettes.

Le cinquième ? Sa vengeance est trouvée. Il annonce par la ville lui-même qu'on ne donnera pas d'argent le soir au bureau. Chacun payera en nature, croûtes de pain, flan, savates, gilets de laine ! Le directeur prendra son cinquième !

Un homme se présente avec un clysopompe : — « Passez aux premières ! »

Il fallait entendre Bêtinet raconter ces folies ! Philosophe gouailleur et sceptique, il riait au nez de la chance nouvelle, et s'amusait de sa décadence avec une gaieté mordante qui faisait la joie de la baraque, quand le travail n'allait pas.

Rosita n'était pas la dernière à applaudir du regard et des lèvres aux mots heureux !

J'étais jaloux du succès du pître, quand je la voyais ainsi l'écouter, sans perdre une de ses paroles, un de ses gestes, ne se rappelant plus que j'étais là, attendant le *mot de la fin!*

Mon cœur se serrait, et je riais jaune quand il fallait rire. Ma douleur me rendit injuste et mauvais. J'essayai de ruiner la popularité du pître, de lui couper le succès sous le pied par des interruptions malignes ou des réflexions d'ennuyé.

Mal m'en prit : je me mis à dos l'opinion publique et Bêtinet me massacra de son ironie froide et *canaille*, dans son argot téméraire, avec sa langue pittoresque du faubourg. Il mit les rieurs de son côté, et Rosita ne me défendit point !

Je devinai à son attitude, ce jour-là, ue j'étais perdu ! Ma science était *rasée*, j'étais moins fort que

Bêtinet, et tout mon latin n'avait servi qu'à me faire battre ; l'abîme était creusé ; je sentis la terre fuir sous mes pieds.

Toutes mes parodies écrites, mes boniments préparés ne valaient pas les improvisations de Bêtinet qui laissait tout au hasard, si bien que les gens même de la baraque, ces blasés, trouvaient plaisir à la parade, et allaient là comme les journalistes aux *premières*.

Que va-t-il inventer encore ce soir? disait Rosita aux autres en grimpant sur les tréteaux, sans m'avoir même regardé ou serré la main. Le Piéton courageux applaudissait avec ses pieds, et le Râble mystérieux se redressait sur son espèce de séant pour regarder.

Seul, je me tenais assis et silencieux, n'osant pas voir, parce qu'il était des gestes qui me faisaient pâlir, et que je ne voulais pas qu'on sût ma douleur !

Oh ! quels moments j'ai passés alors ! J'y suis presque fait, maintenant, mais le premier jour quel supplice ! Supplice d'autant plus douloureux que je me débattais dans l'incertitude, que j'avais les fièvres, les angoisses, avec la convalescence et les rechutes de l'homme qui ne sait pas et ne veut pas savoir ! Angoisses mille fois plus tristes que la réalité. Le cerveau se brise à forger des excuses, le cœur, — qui voit clair ! — se resserre, se crispe, s'ouvre et se ferme. Si cela avait duré quelques semaines encore, je serais mort.

Mais un jour j'appris tout : j'entendis la patronne faire une scène affreuse à Rosita en l'accusant de lui avoir volé Bêtinet, et une bataille s'engagea entre les deux femmes, où la patronne était la plus forte.

Je descendis de mon fauteuil de géant, et ce fut moi qui les séparai.

Rosita me regarda hébétée, presque honteuse, honteuse pour moi ! L'autre créature me rit au nez. Le Piéton et le Râble firent écho. Heureusement le patron parut, et tout rentra dans le silence.

IV

A mesure que le géant parlait, son œil devenait plus sombre, et sa grande main, qu'il levait par instants, fiévreuse décrivait sur le mur des dessins bizarres à la lueur de la maigre chandelle qui finissait.

Mais, à ce moment de son récit, il s'arrêta et resta immobile.

Ainsi penché, plié en deux, et un peu voûté par le chagrin, il avait l'air d'une de ces statues de dieux indiens accroupis dans leur rêve et sur qui pèse le poids de l'immuable fatalité.

Il faisait peine à voir, cet homme, athlète et géant, qu'une main de femme courbait, et dont la tête, comme un grand arbre chargé de pluie, se baissait au vent des amers souvenirs.

Je n'interrompis point son silence. C'est lui qui, au bout d'un instant, résigné et grave, releva son front et reprit, où il l'avait laissé, le récit douloureux de ses tristes amours.

« C'en était fait, celle pour qui j'avais dit adieu à la vie honnête, à qui j'avais loué mon corps comme géant, et, comme homme, vendu mon âme, cette coureuse des champs de foire, elle me trompait avec un paillasse ivrogne, échappé cynique des faubourgs malsains.

Ce fut une chute terrible, comme si je tombais de mon haut, avec ma taille ! Je restai étourdi sur le coup ; il y a quelque temps de cela ; mais, ajouta-t-il avec un sourire mélancolique, en mettant la main sur son cœur, la place est toujours sensible.

J'aurais moins souffert si elle avait choisi moins bas : ma douleur s'irritait de sa dégradation. J'avais été dupe. Elle avait, comme ses pareilles, la nostalgie du ruisseau sale, et quand je lui prêtais une âme digne de comprendre la mienne, pauvre fou ! je comptais sans ses impressions d'enfance et de jeunesse, le voisinage du faubourg et le commerce du voyou.

Vous voulez savoir maintenant comment se termina la scène et ce que fut l'explication ?

Elle nia effrontément, et moi, moi faible et vil, je fis semblant d'ajouter foi à ses serments, et répondis aux plaisanteries écrasantes par un sourire ! Ah ! ce sourire, il me coûta cher, et tout mon être dut se tendre pour le grimacer !

Ce qu'il arriva ensuite, le croiriez-vous ?

Quand nous laissâmes la baraque, d'où nous chassait sa trahison, je demandai au pître, à Bêtinet, oui, à lui-même, de nous suivre.

Je voulais, fanfaron piteux, prouver par là que je ne croyais point à la *calomnie :* peut-être je craignais que Rosita, sans lui, ne consentît point à partir.

Mon égoïsme aussi parlait ! J'avais *raté* ma vie, et je tenais à ce que le boulet, auquel j'avais soudé ma chaîne, vînt avec moi !

Quoi qu'il en soit, les choses se passèrent ainsi, et Bêtinet donnait le bras à Rosita quand nous sortîmes.

Il faut être bien fou, n'est-ce pas, bien fou, bien lâche ?...

Que celui qui n'a jamais été fou et lâche devant les femmes me jette la première pierre ! »

Et en disant cela le géant relevait la tête, et de son œil ardent semblait défier un invisible ennemi.

« Je vous fais grâce de mes émotions ! la vie n'est pas faite que de cela, les soupirs ne nourrissent point, la douleur creuse.

Il s'agissait de gagner son pain.

Par une fatalité cruelle, le choléra passa dans le village où vivaient Fouille-au-Pot et sa sœur, et les emporta tous les deux.

Il fallut faire revenir Violette, et, un matin, la pauvre petite nous arriva dans un trou d'auberge.

Elle me ressemblait, dit-on, et Bêtinet le faisait remarquer en ricanant : il la détestait pour cette raison, et Rosita n'osait l'embrasser devant lui.

Elle ne vécut pas longtemps, Dieu merci ! mais ce fut hélas ! un horrible drame.

Nous nous étions rendus à la foire voisine pour chercher de l'ouvrage ; mais tous les cadres étaient remplis et ma spécialité était prise.

La vogue était à un géant qui mesurait sept pouces de plus que moi, ce qui valait plus que tous les diplômes et enfonçait le baccalauréat. Il était descendu un matin de sa montagne, en sabots, et avait simplement planté là, derrière un rideau, son grand cadavre ; déjà la recette lui allait au genou.

Rosita et Bêtinet auraient pu trouver un engagement pour la parade, mais il fallait se séparer, et nul ici ne le voulait ; ni Bêtinet, dont la paresse était en garde, ni Rosita qui pensait d'après lui, ni moi qui aurais tout fait plutôt que de les quitter.

Heureusement, au bout du champ de foire, se trouvait une ménagerie dont le dompteur venait d'être affreusement mutilé.

On nous offrit, à Rosita et à moi, de remplacer le dompteur : nous entrerions ensemble dans les cages.

Cela vous étonne qu'on nous ait fait d'emblée une pareille proposition, et que nous ayons pu accepter ?

— Vous encore, mais Rosita...

— Oh! Rosita n'hésita point! On eût dit qu'elle était contente, la malheureuse, de courir près de moi un danger, et le lendemain même de ma honteuse découverte, alors qu'elle était sûre que je n'avais rien cru de ses hardis mensonges, elle prit plaisir, avec une grâce coupable et des tendresses agaçantes, à irriter la blessure malsaine qu'elle avait faite.

J'aurais juré parfois qu'elle m'aimait toujours!

Nous acceptâmes donc la succession sanglante du dompteur et commençâmes notre apprentissage.

Métier triste, celui d'animal féroce en France!

Les voyez-vous étendus, pensifs et lâches, sur la poussière du plancher?

On est allé les prendre dans le désert, où le sable est brûlant.

Ils erraient libres sous le ciel, allaient voir le matin se lever le soleil, chassaient, le jour, et, le soir, rentraient repus dans leur tanière; leurs rugissements se perdaient dans l'immensité.

Ils sont là, maintenant, dans une cage de trois mètres, vaincus, esclaves, résignés! Ils hurlaient, ils bâillent; ils déchiraient la chair vivante, buvaient le sang qui fume, — on leur mesure leur repas, maintenant, et, encore, faut-il qu'ils l'aient gagné!

On devra sortir du silence dédaigneux ou du songe muet:

« Tout beau, là-bas! d'Artagnan, couché! fais le mort! Taisez-vous, les fauves!... »

Lions, tigres, panthères, léopards, les loups, les hyènes! L'ours blanc, ce naufragé du Nord qui descendait les mers, accroupi sur un glaçon, et hurlait dans le vent, il est là, tendant, comme un chameau, le cou vers les citernes, et balançant sa tête à la façon des fous, en jetant à travers les barreaux sa plainte monotone et lugubre. L'entendez-vous ?

Comment, demande-t-on, allions-nous faire ?

Étaient-ce nous, venus d'hier dans ce harem aux odeurs mêlées, qui allions connaître le mystère et savoir les secrets ? Comme s'il y avait un secret !

Les caresses qui les énervent, les parfums qui protègent, la baguette chauffée à blanc de Morock, suppositions, légendes !

— Qu'est-ce donc ?

— C'est le triomphe légitime du courage sur la brutalité, de la patience sur la furie, de l'homme sur la bête ; quelques prisonniers se révoltent, montrent les dents, hérissent les poils ; levez le bâton et frappez fort, en face ; brisez-leur les reins s'ils ne plient l'échine.

La plupart se résignent et s'élèvent comme des chiens ou des enfants : une caresse par ci, deux taloches par là, beaucoup de sucre et le tour est joué.

Si la bête est haute, un peu vieille, on y met le temps et plus d'égards. C'est ce que nous fîmes.

Pendant une vingtaine de jours, d'heure en heure, nous rôdâmes devant chaque cage, en regardant son pensionnaire, l'appelant, nous faisant connaître, puis aimer. Si l'on m'eût parlé de cela, quand j'étais régent de septième ! Mais nous avions, dans le voyage, déjà vu des ménageries, il nous était arrivé, déjà, de passer notre main daus la cage des hyènes et des lions, rassurés par l'exemple des gardiens, qui en agissent avec les bêtes féroces comme des piqueurs avec les chiens. Un préjugé, du reste, cette férocité. J'ai aperçu de ma fenêtre, dans une chambre, bien tranquilles, des femmes de dompteur tricotant, et des lionceaux qui jouaient aux quatre coins avec des oursons farceurs. C'est la panthère qui était le *pôt*.

Mon cœur battit pourtant le jour où j'entrai pour la première fois dans les cages. Vous le comprenez.

Je voulus, d'abord. m'exposer seul et ne laisser s'aventurer Rosita que si moi j'en sortais.

Je choisis, pour mon premier essai, le lion, celui-là même qui avait à moitié dévoré son maître. — C'est ma nature à moi de plonger au cœur du danger, tout d'abord ; par lâcheté, peut-être, pour en finir d'un coup, mourir ou vaincre.

J'entrai donc.

Derrière la porte du fond entrebâillée, Rosita, armée d'une fourche, regardait ; devant les barreaux, Bêtinet, dont j'allais gagner la vie, tenait une barre de fer et attendait.

Le lion ne bougea point, il leva vers moi ses yeux mélancoliques et se rendormit. La peur me prit en face de ce colosse qu'il fallait troubler ; et peut-être si Rosita n'eût point été là, si Bêtinet n'eût pas été son amant, je serais sorti pour ne pas y rentrer. Mais devant elle, devant lui, je voulais être brave. Ne devait-elle pas, d'ailleurs, venir avec moi. Il s'agissait de mater la bête.

Je m'avançai, et saisissant le lion par les deux oreilles, je relevai sa grosse tête et la secouai dans mes mains; il poussa un sourd grognement, essaya de se retourner, je tins bon. S'il eût fait effort, il n'avait qu'à tourner son cou et j'allais m'aplatir, brisé contre les barreaux! il n'essaya point; je le lâchai et j'attendis; il tourna triste sur lui-même, et s'allongea comme un sphinx; je le forçai à se relever et à marcher autour de moi, il obéit.

Roi déchu, il lui fallait le soleil de l'Afrique et le vent du désert pour qu'il eût soif de sang humain!

Je le regardai presque avec pitié, et sans émotion je fis signe à Rosita d'entrer.

Elle entra et ferma la porte.

« Il nous mangera tous les deux, le Grand, » dit-elle tout bas, en mettant dans ma main sa main que, le matin même, entre deux portes, j'avais vue s'égarer, brûlante, dans la perruque de Bêtinet.

Mais le lion, au lieu de se jeter sur nous, la flaira et frotta sa crinière contre sa jupe; dehors, on baissa les fourches; la connaissance était faite maintenant.

Nous sortîmes de la cage du lion pour entrer dans celles du tigre, des hyènes, de l'ours, des loups.

Trois semaines après, on annonça notre début sous ce titre: *Les Martyrs chrétiens.*

Vêtus, elle en vierge romaine, moi en Polyeucte

de la décadence, nous simulions les chrétiens livrés aux bêtes. J'avais écrit le boniment que récitait devant les cages Bêtinet, déguisé en bourreau ! — Douce ironie ! — et nous exécutions les poses des suppliciés, tantôt la tête sous le mufle du tigre, tantôt les bras dans la gueule du lion.

Nos costumes reluisaient au gaz, ma taille gigantesque me donnait un air de héros farouche ; Rosita, qu'enivraient les dangers, les chairs frémissantes sous son maillot clair, semblait une sainte Thérèse expirant dans l'extase !

Les spectateurs nous suivaient haletants, le cou tendu, la gorge sèche, parfois poussant un soupir de terreur ; quelques-uns murmurant :

« Comme elle est belle ! »

Et moi, comme si j'eusse voulu vraiment arracher leur proie aux bêtes fauves, je l'étreignais dans mes bras nus, entre lesquels il me prenait envie de l'étouffer quelquefois, lorsque, de ses yeux bleus, frémissante et pâmée, oubliant le géant, les lions, elle cherchait, pour lui sourire, devant les cages, Bêtinet, le bourreau comique !

Nous étions largement payés, et nous faisions fureur. Mais le dompteur estropié trouva un matin à vendre sa ménagerie. Nous étions cette fois encore sur le pavé, sans économies — avec Bêtinet, on n'en faisait pas — si le patron, brave homme au fond, n'avait distrait deux de ses cages, qu'il nous céda, en nous donnant du temps pour payer.

Nous les prîmes et l'on essaya d'y gagner sa vie. Mais non, la misère revint!

Nous nous installâmes pour quelques semaines dans une petite ville du Midi, espérant que nous y ferions des affaires et qu'on pourrait peut-être ajouter un tigre, un ours au personnel.

Nous ne fîmes rien, et avant qu'un mois se fût écoulé, nous étions endettés partout, à l'auberge et chez le boucher, qui nous refusa un matin de livrer la nourriture pour les bêtes avant que nous l'eussions payé.

Que devenir?

Nous avions annoncé l'entrée dans les cages pour le soir même, jour de fête, et les animaux n'avaient pas mangé. C'était un mouvement terrible contre les grilles, on grognait derrière les barreaux; ils avaient le sang dans les yeux, le désert dans le ventre.

Je poussais d'épouvantables blasphèmes; Bêtinet lui-même avait son génie troublé; Rosita pleurait avec Violette dans ses bras, la pauvre enfant mordait dans un coin de ⸺ bis qui était le dernier de la huche.

J'ai vu dans les cirques que la paille manquait à l'écurie et l'avoine dans la mangeoire; mais les chevaux attendent.

Dans les ménageries, on n'attend pas.

L'heure de la représentation approchait cependant.

Allions-nous entrer? C'était une mort certaine.

Rosita court encore chez le boucher qui tenait

notre vie suspendue aux crocs de son étal : elle rentre désespérée.

Mais moi, arrachant Violette d'entre ses mains, je cours à mon tour chez le vendeur de viande, et lui montrant la pauvre petite qui cassait ses dents sur son morceau de pain :

« Tenez, lui criai-je, vous serez payé ! »

« Je vais faire annoncer par les rues que, ce soir, j'entrerai dans la cage du lion, je lui mordrai les narines avec des pinces pour qu'il hurle et s'emporte. Et j'aurai ma fille avec moi !

« Voulez-vous que le lion ait mangé d'abord ?

Le lion mangea, et, le soir, la foule vint — la foule infâme qui voulut le spectacle affreux, et demanda comme on le lui avait promis, le père et l'enfant dans la cage.

Pour le premier jour, j'avais peur, et l'animal semblait furieux !

Il fallut obéir ! Les cris du public, la crainte du boucher, le besoin de vivre me poussèrent dans le couloir qui donnait sur la loge, et j'entrai portant Violette sur mon bras.

Le lion la connaissait bien, et, le matin, elle avait plus d'une fois passé ses menottes dans sa crinière.

Mais le jeûne forcé du jour avait irrité le pensionnaire aux babines sanglantes, et il grogna sourdement quand j'arrivai.

Puis, sans que ma cravache eût parlé, se levant

debout, il posa ses deux pattes de devant sur ma poitrine, et me regarda immobile.

Sa tête me parut énorme ! Son souffle ardent passait sur mon visage !

Je tremblai : le lion le sentit !

Il retomba sur ses quatre pattes; muet, tranquille.

Je voulus sortir; mais il se mit entre la porte et moi !

Rassemblant alors toute mon énergie, et jouant un jeu suprême, d'une main je serrai contre moi Violette, qui pleurait, de l'autre je cinglai avec ma cravache le mufle de la bête fauve.

Et la douleur lui arracha un formidable rugissement qui alla glacer le cœur de la foule :

« Sortez, » crièrent quelques voix.

Assassins, pourquoi m'aviez-vous fait entrer ?

Je pus pourtant passer et soulever la porte, mais je dus, pour cela, détourner mon regard et quitter un instant les yeux de l'ennemi.

Je l'entendis bondir, me retournai... — Le meurtre était commis !

La figure de notre pauvre petite fille n'était qu'une large plaie rouge, et ses yeux pendaient déchirés par la griffe du lion.

Il lui avait d'un coup labouré le visage, et sous sa patte étouffé la plainte ! La foule poussa un hurlement d'horreur quand elle aperçut cette tête pétrie : l'enfant n'avait même plus de bouche pour crier !

La bête était allée se coucher dans un coin : je pouvais sortir maintenant.

Violette vécut quelque temps encore, mais ce n'était plus elle ; ce qui restait de son visage était horrible ; elle eût fait de l'argent comme monstre.

La douleur de Rosita fut profonde, et je ne vis pas de quelques semaines Bêtinet se glisser dans le trou qui servait d'alcôve.

Fin d'ailleurs, odieusement habile, il s'était effacé devant le malheur, et je crois même qu'il avait trouvé des larmes, le crocodile ! pour plaindre ces souffrances de mère !

Que fis-je, moi ? — Une folie.

Je tuai ce lion dans une lutte à deux !

On le trouva mort dans sa cage, et moi, baigné dans mon sang le front dans ses blessures !

Le géant ouvrit son gilet, et me montra sa poitrine broyée, mâchée, avec d'épouvantables cicatrices.

— En tuant ce lion, je nous ruinais une fois pour toutes, et, pour me guérir, on vendit tout.

Nous traînâmes encore quelques hyènes maigres par des foires où l'on ne gagnait rien, jusqu'à ce que, ayant vendu une à une les têtes de notre bétail sauvage, nous retombâmes dans la *manche* et dûmes vivre d'expédients : heureux encore ! nous avons pu acheter la roulotte que nous avons et les planches de la baraque.

Je pourrais arrêter ici le récit de mes aventures,

d'autant plus, fit-il avec un geste de résigné, que là finit le drame.

Ma honte est acceptée : Violette est morte, je ne me raidis plus contre le courant et laisse aller mon cœur à la dérive.

Bêtinet est toujours l'amant de Rosita, la bat, la trompe : je la console et la nourris ! C'est lui qu'elle aime !

Je fais mine de ne rien savoir, et quand il leur arrive de se trahir devant moi, béat, j'écarte d'un autre côté mon oreille complaisante et lâche !

J'entends quelquefois à travers les cloisons leurs soupirs, leurs rires — quoique le rire maintenant soit rare ! Mais je me cache quand je crois qu'ils peuvent me voir, et je m'enfonce dans les coins sombres quand ils passent !

De temps en temps on me fait l'aumône, et je l'accepte : plaisir malsain, amours infâmes !

Nous voilà donc traînant, par les fêtes borgnes, notre ménage à trois — trio cynique de galériens !

Chacun de son côté pourrait gagner son pain, mais non ! par une sorte de compromis muet où la jalousie et la lâcheté se donnent la main, nous vivons dans la boue jusqu'au ventre, jusqu'au cœur dans la honte !

Ainsi se sont écoulés les jours, les mois, les années, et là-dessous, dit-il en soulevant sa chevelure, il y a déjà bien des cheveux gris !

Je devais être utile à mes semblables, et je pouvais tenir ma partie dans le monde !

Que pensera Dieu quand il me demandera ce que j'ai fait et que je lui répondrai :

« *Seigneur, j'ai tirangé la brême, tenu la camoufle, battu comtois....* »

Est-ce assez pour le paradis? — Comprendra-t-il seulement?... Il m'a pris parfois des envies de partir! Mais où?

Croyez-vous que la vie me soit bien facile à présent, et qu'il me suffira de rentrer au collège pour y retrouver ma chaire et mes élèves?

Puis, si je les quittais, que deviendraient-ils! Je suis la plus belle carte de leur jeu et j'ai les atouts dans mes bottes.

Bêtinet est lâche, et d'ailleurs l'eau-de-vie a brûlé sa verve.

Rosita boude devant les poids de quarante maintenant et est trop grasse pour se disloquer.

Nous resterons ainsi jusqu'à ce qu'il y en ait un qui meure!

Eux s'aimant en se méprisant : moi, ayant, pour me consoler, la joie un peu fière du sacrifice. — Qu'arrivera-t-il?

Il arrivera ce que Dieu voudra, j'ai mérité ma peine et ne me plaindrai pas du châtiment. »

Là-dessus, le géant se leva, et me montrant le ciel qui était pâle et où s'annonçait le soleil :

— Voici le matin, dit-il, et il faut que nous soyons

installés à Meudon ce soir! Je vais démonter le théâtre ; à midi nous serons en route! »

Nous descendîmes, et, à la fraîcheur du matin, nous causâmes encore; puis je le quittai.

J'attendis, en rôdant sur la butte, que Paris se fût éveillé, et je m'éloignai, méditant cette histoire, qui est celle de l'humanité. Éternelle comédie! Bêtinet roule le géant ; — le paillasse tue le héros!

Je revins par le champ de foire.

J'aperçus de loin le haut saltimbanque, assis, pensif et calme, sur une pierre, près de la voiture : il attendait que Bêtinet et Rosita fussent levés!

L'HABIT VERT

L'HABIT VERT

L'*hôtel du Velay* était situé rue de La Harpe, en face de l'hôtel des Ternes.

C'était le type de la méchante maison garnie. Le propriétaire avait meublé ses chambres de commodes toutes déhanchées et de lits sur lesquels pesaient des ciels tristes accrochés à des plafonds sales.

Le patron, qu'on appelait le père Mouton, avait la tête d'un chat qui a traîné longtemps une casserole, et il scandait ses jurons d'un coup de talon qui résonnait d'autant plus fort que ce talon était la semelle d'une jambe de bois.

On le redoutait dans sa maison : il avait été soldat à la fin de l'Empire et était tombé mutilé sous les coups de feu des Cosaques. S'il était à plaindre pour ses blessures, ceux qui vivaient avec lui l'étaient plus encore, car le récit de son aventure militaire était le complément, l'exorde, et souvent tout le milieu de sa conversation. L'amputation n'avait eu lieu qu'une fois, le récit recommençait toujours.

Il était encouragé dans cette voie malheureuse par ses pensionnaires sans le sou qui, ne pouvant lui mettre de l'argent dans la main, le laissaient mettre éternellement sa jambe dans leur oreille et l'écoutaient avec une religieuse attention, quand tombait leur mois.

M. Mouton était marié, il avait une femme et une enfant.

Madame Mouton avait dû être très belle, sa tête était petite, son nez grec, sa lèvre fine, son œil très grand et bleu; mais son sourire était commun, sa voix désagréable, son regard louche; l'ignorance, les tracas, les vices, avaient flétri ce beau visage. La société de son mari n'avait pas peu contribué à l'enlaidir. La vulgarité méchante de cet invalide robuste devait tout faner et salir autour de lui.

C'est entre ces deux créatures à qui quelque succession de hasard avait, je crois, offert les moyens d'acheter l'hôtel, et qui avaient d'ailleurs gagné quelques sous à gargoter dans une ville du Midi, c'est, dis-je, dans le sein de ces deux êtres qu'avait grandi Caroline Mouton.

Quel âge avait Caroline? Elle disait dix-neuf ans, et pouvait bien en avoir vingt-trois. N'importe! elle était aussi séduisante et gaie que ses parents étaient repoussants et tristes, quoiqu'elle tînt de son père et de sa mère; du père, elle avait je ne sais quoi d'énergique et de résolu, elle rappelait ce qu'avait dû être sa mère avant la chute. Elle parlait, marchait, agissait, en mêlant toujours la grâce à la force. Sa hanche était robuste, mais elle rejetait avec tant de coquetterie la jupe de sa robe grise! Sa taille, quoique un peu forte, se tordait si souple, quand elle jouait au volant dans la cour ou se dérobait aux hardiesses des pensionnaires!

L'impression qu'elle produisit sur Rodolphe Ardoin fut vive et décisive.

Rodophe, lui, avait dix-sept ans à peine, mais il en portait vingt et aurait voulu faire croire qu'il en avait trente. On s'y pouvait tromper, le soir, quand on apercevait sa figure osseuse et brune, surmontée d'une chevelure épaisse qui tombait sur ses épaules comme la crinière d'un casque. Il avait une voix de cuivre et les yeux ardents.

Petit émeutier précoce, il parlait haut d'ordinaire, cassait les verres, les vitres, froissait les jupes et les gens. Il jouait à l'homme.

Ce soir-là, il arrivait de son pays: un camarade de collège, qui était albinos entre parenthèses, l'avait dirigé sur cet hôtel, non pour y demeurer décidément, mais pour prendre un avant-goût de la table d'hôte du père Mouton qui, pour un franc vingt-cinq centimes, servait, prétendait-il, des repas qui eussent coûté bien des sesterces à Lucullus.

On entra. Le père Mouton, dans un coin, faisait

caresser son poteau à la main droite d'un pensionnaire qui devait, sans doute, beaucoup d'argent, car il y mettait une complaisance qui tenait de la lâcheté.

Madame Mouton suait, dans la cuisine, sur un ragoût et, avec prudence, fouillait dans la casserole, puis découpait les parts, sur lesquelles l'albinos, en homme désireux de prouver la vérité de ses assertions, attirait avec sollicitude les regards de son ami.

Mais Rodolphe n'avait plus faim, et ses yeux étaient ailleurs.

Il écoutait rire et marcher Caroline. D'un coup, et par une sensation qu'il analysait du reste, le désir lui avait pris d'attirer l'attention de cette fille et de compter dans sa vie pour sa joie ou pour son malheur.

Elle avait l'air de dominer, sans y prendre tâche, cette société d'occasion, où se mêlaient des étudiants de dix huit printemps, et des déplumés qui en étaient à leur quarantième automne, de petits Limousins sérieux et des Auvergnats noirots, des substituts et des galériens futurs. Chacun disait un mot aimable, et chacun avait en échange un sourire. Rodolphe remarqua avec effroi qu'elle se penchait plus sérieuse sur l'épaule d'un habitué nommé Guesdon.

Il se dit que celui-là était le préféré, et, à partir de ce moment, il détesta cet homme.

Tout de suite, par un instinct d'orgueil doublé

peut-être d'habileté native, il songea à lui faire la guerre, et sans hésiter, entama le combat.

Ce fut à propos de tout et de rien, à propos des mouches qui volaient pour retomber, hélas! dans les verres et se noyer dans les huiliers; à propos de Robespierre et de Pomponette; des crimes et de la vertu des jésuites et des gendarmes.... Rodolphe saisissait toute occasion de contrecarrer celui qu'il avait senti être son ennemi! Il l'essayait avec audace, et la fièvre qui le remuait, en troublant son sang, excitait son esprit; il était gai, d'une gaieté qui faisait trou, et son ami l'albinos ne pensait même plus à lui vanter le fumet des plats qui avaient un parfum provençal à tuer des bœufs de Norwège.

On l'écoutait; pour arriver à toucher son homme, il frappait sur tous, et égratignait à droite, à gauche. On se demandait à la table quel pouvait être ce garçon qui, pour son entrée, prenait des droits pareils; mais l'albinos était un client sérieux, payant bien et trouvant tout bon; on ne pouvait, d'ailleurs, se défendre de rire aux saillies vives de cet intrus, et il ne fallait pas plus songer à l'arrêter qu'on n'essaye d'empêcher un clown de tourner quand il exécute un saut périlleux.

Rodolphe faisait tout cela, non pour eux, mais pour elle, pour elle et contre LUI!

Elle, c'était Caroline; lui, c'était Guesdon. Guesdon, l'ennemi, se tenait calme, froid, et s'il était entamé, n'en laissait rien paraître. La verve de Rodolphe devenait plus amère et son accent était plus dur. Quoique tout jeune, il avait, grâce à des souffrances précoces, une faculté de divination presque maladive qui ne l'arrêtait pas toujours sur le penchant des abîmes, mais lui faisait voir clair dans les situations. Il était, ce soir-là, indiscret, fanfaron, brutal, mais il sut à temps, chaque fois, mettre de la pommade sur les égratignures et se moquer avec assez de justesse de lui, pour pouvoir se moquer des autres.

Que pensait Caroline?

Elle était gênée, la reine de cette cour des Miracles, par le tapage que faisait le nouveau venu, gênée parce qu'on l'écoutait plus qu'on ne la regardait; gênée, parce qu'elle comprenait que Guesdon était en jeu, et elle en voulait jusqu'à la haine à ce bavard qui parlait si haut. C'est sur l'albinos qu'elle se vengeait, lui glissant brusquement les plats, le faisant attendre, maugréant tout haut; l'albinos laissait insulter ses cheveux blancs et ne se plaignait pas. Mais jamais on n'avait vu mademoiselle Caroline si dépitée et si furieuse. Le père Mouton, sur ces entrefaites, vint se mêler à la conversation; Rodolphe n'eut pas de peine à comprendre la marotte de cette héroïque ganache, et il joua du bonhomme comme il lui plut, raconta quelques histoires hardies, à mots couverts, sans trop de brutalité. Caroline elle-même sourit, Guesdon félicita, l'albinos redemanda du jus. La soirée finit sur les campagnes de l'Empire; on se quitta.

« Drôle de garçon, dirent les habitués! — Un gaillard, cria le vieux soldat. »

« Il ne me va pas, » fit Caroline en regardant Guesdon qui ne répondit point.

Le lendemain Rodolphe revint, comme on pense. Il revint, vêtu de son plus beau costume; un gilet jonquille taillé dans une robe de sa mère qui, paysanne de naissance, aimait les couleurs bavardes et un habit couleur de celui de Werther, pris dans le manteau de son aïeul. Rodolphe savait qu'il était mal mis, mais il n'y pouvait rien. Il se rendit bravement, après avoir ramassé l'albinos en route, à *l'hôtel du Velay*.

Il y eut presque de la stupeur quand il entra. Tout le monde était mal à l'aise; à peine un ou deux méridionaux l'accueillirent-ils par une plaisanterie réchauffée de la veille. Son costume fit sourire au bout de la table.

Rodolphe s'était muni de tout ce qu'il avait d'argent. Il n'hésita pas. Pour délier les langues et asseoir sa position, il demanda l'*extra* sous toutes les formes, et se concilia ainsi les sympathies de la mère Mouton, sans compter que le père Mouton l'adorait déjà. Restait la fille.

Accosté en route par une de ces bouquetières de douze ans qui vous mettent de force l'œillet à la boutonnière, il avait payé la fleur rouge avec une pièce blanche, et donnant à la marchande l'adresse de la table d'hôte, il l'avait priée d'apporter une moisson de bouquets quand sonneraient sept heures.

A sept heures les bouquets vinrent.

Rodolphe, sans insister bien fort et avec une galanterie presque délicate, offrit à mademoiselle Caroline le panier plein de fleurs, en la priant de choisir. Elle ne pouvait refuser, mais elle accepta le moins possible et se contenta d'une touffe de roses. Rodolphe la remercia simplement.

Il cria beaucoup moins ce jour-là, et sa soirée se passa à ridiculiser sa comique enveloppe. Il le fit avec *humour*, mais non sans mélancolie, trouva des mots doux et drôles pour ces bonnes femmes de mères, qui vous croient beau comme un gentlemen quand vous êtes fagoté comme un singe savant, mais qu'on n'en aime pas moins pour cela. Un peu parce qu'on redoutait ce rieur terrible, un peu parce qu'il plaisait, tout en paraissant indifférent et personnel, il prit place dans l'imagination des gens; en deux soirs, il avait réussi à irriter et à préoccuper : c'était le pied dans la maison. Impopulaire ou populaire, il comptait, il était en ligne. C'était tout ce qu'il voulait.

Guesdon, qui s'était tenu sur la défensive, n'avait pas été provoqué. Il s'était retiré de bonne heure, pour affecter de l'indifférence, ou parce qu'il avait vraiment à faire. Rodolphe n'avait pas abusé de son absence plus d'une seconde — le temps d'arracher au bouquet de Caroline, et de façon à être vu d'elle, une rose dont il avait bu le parfum avec ses lèvres, sous ses yeux, et en soulignant d'un regard sa discrète mais très expressive caresse.

Ce fut tout pour cette fois. Il eut le courage de passer deux jours sans revenir. On l'attendit et l'on remarqua qu'il manquait. L'albinos, lancé à propos, fut indirectement chargé de le ramener. Il revint comme par hasard, sous l'aile de son ami. A partir de ce moment, il était sûr de vaincre.

Mais, pour conserver avec la passion de l'amoureux le sang-froid de l'observateur, il apporta, ce jeune homme de dix-sept ans, une force de résistance et une dépense d'énergie violentes.

Il gardait un masque impassible, mais il souffrait à en mourir, dans son amour ou son orgueil. Son rire, pour qui s'y connaissait, ressemblait parfois à un cri de douleur, et il se raidissait contre l'émotion en tendant tous les muscles de son cerveau et toutes les cordes de son cœur. Heureux, du reste, dans sa souffrance, il élevait son aventure à la hauteur d'une situation difficile et tragique. Il rêvait provocation, duel, enlèvement.

Tout se passa plus simplement ; le hasard servit ce romantique échappé du collège, et, un beau soir, il se trouva sans rival. Le père de Guesdon mourut et Guesdon partit. Il devait rester huit jours absent ; quinze jours, trois semaines, un mois, s'écoulèrent avant qu'il revînt. Les affaires au pays étaient embarrassées, on devait au père Mouton ; la place resta libre, et Rodolphe n'eut plus qu'à essayer de pénétrer.

Il y avait une brèche déjà ; son ironie fiévreuse avait tracé une voie par où la passion pouvait passer.

Caroline, quand il était là, le haïssait souvent; quand il était parti, se joignait aux autres pour le railler, l'insulter même, mais elle sentait qu'elle avait affaire à plus fort qu'elle, et il n'était pas jusqu'à Guesdon qui ne souffrît de la comparaison.

Si Guesdon fût resté pourtant, son sang-froid, son calme lui servait de bouclier; et cette cuirasse, dure et froide, Rodolphe eût pu difficilement l'entamer.

Mais le lendemain du départ, Rodolphe tint le haut bout, et comme il avait su trouver des occasions hardies de soutenir son esprit de son courage, il avait, tout vêtu de vert qu'il fût, une supériorité reconnue.

Ce qui se passa dans l'âme de l'un, dans le cœur de l'autre, je ne sais trop bien, mais le mal, si l'amour est un mal, fit des progrès rapides. Caroline mit son orgueil à paraître conduire et dompter cet irrégulier téméraire, et lui, un matin qu'ils étaient seuls, avec une gaieté pleine de tendresse, lui dit le secret de sa fièvre, lui expliqua comment elle était la muse qui, sans le vouloir, lui dictait ses épigrammes et sa colère, et, prenant sur sa poitrine un carnet qui sentait l'iris, odeur qu'avaient les mouchoirs blancs de Caroline, il lui montra, écrite jour par jour, l'histoire de sa passion pour elle.

Elle sourit, d'un de ces sourires gênés et triomphants qui trahissent la fuite de la vertu et la joie de l'amour, et Rodolphe serra dans ses mains fiévreuses une main qui palpitait tiède comme s'il eût tenu une colombe.

Nous les surprîmes à travers le rideau, chastes encore, mais se pâmant d'ivresse. A partir de ce jour, plus rien. Rodolphe interrogé fit comprendre qu'il ne voulait point qu'on insistât, et il mit tant d'énergie à empêcher qu'on en parlât, que le silence protégea, autour d'eux au moins, la délicatesse de leur amour.

Ils étaient si discrets l'un et l'autre ! Rodolphe, si bruyant, était devenu tout d'un coup si réservé, qu'on n'osait affirmer que Caroline avait succombé et qu'ils s'embrassaient dans l'ombre.

On vit seulement, à une certaine époque, Rodolphe étant devenu pauvre parce que le père avait coupé les vivres, on vit Caroline redoubler d'attentions et multiplier autour de lui les tendresses.

Puis un matin, il y eut entre un pensionnaire à soixante-cinq francs, et Rodolphe qui mangeait pour trente-cinq, une provocation sans raison. On alla se battre.

Le pensionnaire fut blessé ; mais Rodolphe ne reparut pas. Celui, au contraire, qu'avait touché son épée, rentra portant son écharpe comme un drapeau. Cette écharpe sentait l'iris. C'était un fichu de Caroline. J'ai su qu'elle fut sa maîtresse.

On m'a dit que Rodolphe, depuis, avait quitté la France et qu'il était parti bien loin. Avait-il eu les caresses de Caroline, s'étaient-ils aimés dans ce que les *innocents* appellent le crime? La pièce de vers qui suit va nous raconter cette histoire.

Un journal, un matin, fut jeté par la main d'un inconnu sur le comptoir de Caroline. Il y avait dans un coin les vers qui suivent.

L'HABIT VERT

C'était.... vous savez quand? J'avais pris la rotonde,
Mes bras s'ouvraient tout grands pour embrasser le monde,
Je n'avais pas, mon Dieu ! fermé l'œil de deux nuits,
J'étais un fort poète en marche sur Paris.
L'Auvergnat déposa ma malle à votre porte.
— Les vrais bonheurs souvent vous viennent de la sorte. —
Vous étiez fraîche, belle, une rose de mai,
Votre cou, votre nez... enfin je vous aimai.
Mais vous ne m'aimiez pas, j'avais l'air un peu bête,
Je parlais fort; les yeux me sortaient de la tête;
J'étais assez bien fait, mais assez mal couvert;

— J'avais un gilet jaune avec un habit vert. —

T'en souviens-tu, pourtant, qu'un beau soir de novembre,
Je te parlai si doux, ma chère, dans ta chambre,
Et te donnai si bien un courageux baiser,
Que ta lèvre n'osa me défendre d'oser?
Te le rappelles-tu qu'on éloigna la bonne?
Tu m'appelas : chéri, je t'appelai : mignonne;
J'appuyais doucement ton cœur contre le mien,
Et je représentais la province assez bien.

L'HABIT VERT.

Combien de temps, madame, a duré ce manège,
Combien de temps, voyons, ce caprice de neige,
A-t-il mis à se fondre entre mes bras d'enfant,
Et quand vous m'avez dit : « Le bon Dieu le défend. »
Vous ne le savez pas? on oublie, on est femme,
Moi, je comptais les jours et, je le sais, madame,
Mais avant de jeter le bois mort dans le feu,
Laissez-moi, voulez-vous, me souvenir un peu.

Tenez! j'ai dans un coin de mon vieux portefeuille,
Marquée à votre chiffre, une petite feuille,
Une dernière fleur que j'ai voulu sauver,
Et qui me fait sourire en me faisant rêver.
On était ce jour-là, ma foi, fort en colère,
On m'appelle gros monstre et petite vipère.
J'avais, s'il m'en souvient, voulu tuer le chat,
Et même demandé, le soir, qu'on l'écorchât.
— O femmes, pour payer vos plus humbles caresses,
Nous dépensons pour vous des trésors de tendresses,
Nous vendrions pour vous notre honneur et nos noms,
Mais nous voulons avoir autant que nous donnons;
Et nous sommes jaloux d'un malheureux sourire,
De la chanson qui plaît, des roses qu'on respire,
Et d'un geste perdu mon âme se blessait....
J'étais jaloux du chat que ma chatte embrassait!

Et vos lèvres n'étaient cependant point avares,
Toujours avant minuit on me donnait des arrhes!
Sous la table en bois blanc, ah! vous souvenez-vous
Comme j'étais habile à mêler nos genoux!

Ah! vous souvenez-vous, près du poêle en faïence,
Nous étions là, rêveurs, debout dans le silence,
On avait un quart d'heure, on allait s'enfermer,
Je me tuais, dit-on, madame, à vous aimer.

Ah! vous souvenez-vous, quand éclata l'orage,
On disait au pays que je n'étais pas sage,
Et j'avais à partir par le convoi prochain
Ou bien à rester seul auprès de vous sans pain.

On jeta lettre et tout dans la bouche du poêle,
Il restait dans mon sac cinq chemises de toile,
Huit paires de bas bleus qui m'allaient au genou,
Pour cravate... j'avais vos deux bras sur mon cou;
En cherchant on trouva quelques petites choses,
Un chapeau de brigand et des pantoufles roses;
Les pantoufles serraient mes pieds à les briser,
On ne m'a pas laissé le temps de les user!

Pour la table et vingt francs j'enseignais un gros nègre,
Mais vous, dressant au vol votre main fine et maigre,
Vous chippiez les liqueurs au buffet maternel,
Et l'amour me versait l'absinthe avec le miel.
Et vos lèvres disaient, humides de tendresse,
« Nous mourrons une nuit, petit, d'une caresse. »

Je vous le disais donc, que je savais encor
Combien de temps, madame, on demeura d'accord,
Combien elle attendit avant d'en prendre un autre,
Combien d'heures mon cœur a battu dans le vôtre!
Un hiver, un printemps, tout d'amour arrosés!
Je compterai les nuits, comptions-nous les baisers?

Mais je sortis un jour, tout triste de la chambre,
A cinq heures moins dix, le soir du vingt septembre,
Le bon dieu, dans un rêve, avait paru la nuit....
— Depuis cette nuit-là, je ne crois plus à lui. —
C'était mort; — je n'avais pas un reproche à faire;
J'avais, tout bien compté, fait une belle affaire.

Je ne regrette que le temps que j'ai perdu,
Et vous m'aviez donné plus qu'il ne m'était dû.

Puis, vous ne savez pas? quand la chose fut dite....
Je vous ai vue encore, un bon temps, ma petite,
Dans la gargote, au coin de la rue aux Frondeurs,
Où mangeaient des maçons et des littérateurs.
C'est là que chaque soir je vins prendre ma place,
Je vous voyais passer dans le coin de la glace,
C'est là que j'ai, pour vous, gelé tout un hiver,

C'est là que j'ai fini d'user mon habit vert.

Cette histoire est un conte.

TABLE DES MATIÈRES

Les Réfractaires 1
Les Irréguliers de Paris. 33
Les Morts. 99
Un Réfractaire illustre. 113
Deux autres. 143
Les Victimes du Livre 157
Le Dimanche d'un jeune homme pauvre ou le septième jour d'un condamné 185
Le Bachelier géant. 213
L'habit vert. 287

FIN DE LA TABLE DES MATIÈRES

Paris. — Imp. E. CAPIOMONT et V. RENAULT, rue des Poitevins, 6.

www.ingramcontent.com/pod-product-compliance
Lightning Source LLC
Chambersburg PA
CBHW071522160426
43196CB00010B/1615